MONOGRAPHIE

DE

L'ÉGLISE DE JASSANS-RIOTTIER

Le village de Jassans.

Monographie

L'ÉGLISE DE JASSANS-RIOTTIER

Notice sur sa Construction

Sa Critique au point de vue artistique
et religieux

PAR L'ABBÉ MORT, CURÉ DE JASSANS

*Pavete ad Sanctuarium
meum.*

Craignez à l'entrée de
mon Sanctuaire.

TRÉVOUX
IMPRIMERIE JULES JEANNIN
1904

IMPRIMATUR : Belley, le 15 juin 1904.

† Louis-Joseph, *Ev. de Belley*.

Cher Monsieur le Curé,

Nos occupations ne Nous ont pas permis de lire Nous-même la Monographie de votre belle église de Jassans que vous allez faire paraître. Mais d'après le rapport qui Nous en a été fait, Nous ne pouvons que louer votre travail. Vos paroissiens, auxquels vous le destinez, seront très heureux d'y retrouver et d'y conserver les noms à jamais bénis des généreux fondateurs de leur église ; et de plus, grâce à vous, Monsieur le Curé, ils y liront mieux tout ce que l'art religieux a su condenser d'instructions solides dans les nombreuses verrières et les admirables peintures de ce monument, un des bijoux du diocèse de Belley. Aussi, cher Monsieur le Curé, c'est avec empressement et bonheur que Nous vous accordons la bénédiction que vous sollicitez pour le succès légitime de votre petit livre.

† LOUIS-JOSEPH,

Evêque de Belley.

Le 2 juillet 1904.

INTRODUCTION

Un guide, distribué, pendant quelques années, à bord des bateaux « Les Parisiens », qui relient Lyon à Chalon par la voie fluviale, attirait à bon droit l'attention des voyageurs sur l'aspect enchanteur qu'offrent aux yeux les gracieux rivages de la Saône, et cela, dès que disparaît la lointaine silhouette de la grande cité.

Après avoir, au loin, signalé Villefranche, la flèche svelte de sa belle église de Notre-Dame-des-Marais, classée comme monument historique, ce guide insinuait sur Jassans, petit village appuyé à la dernière pente des Dombes, cette note, peut-être sincère, ironique peut-être : « *On voit à droite*, disait-il, *l'église de Jassans, qui se donne des airs de basilique !* »

Basilique ! Ce mot, d'une si riche étymologie, évoque à notre esprit quelque chose de la majesté qui sied aux rois. Assurément l'édifice ainsi visé ne saurait avoir de si hautes prétentions, pourtant, pour être plus modeste et plus simple, notre église ne laisse pas d'être un remarquable monument, digne de satisfaire la curiosité des visiteurs, et capable même d'émouvoir leurs âmes par les nobles et saintes idées dont elle reflète avec exactitude le divin enseignement.

Aussi, notre désir nous semble légitime d'exposer en quelques lignes, précises autant que brèves, — et avant que ne prévalent certaines traditions locales absolument erronées — l'historique de sa construction. — Ce travail nous permettra de faire ressortir l'harmonie de ses heureuses proportions, la richesse de sa décoration ; par-là même, nous pourrons exciter dans le cœur de ses habitants une vive reconnaissance pour le donateur d'une telle œuvre, et surtout un grand amour pour le Dieu si bon, qui veut bien y résider.

L'église de Jassans.

Adossée au côteau qui doucement se penche
Vers la Saône tranquille en ses bords enchanteurs,
Sollicitant de loin les pas des visiteurs,
L'Eglise de Jassans se dresse toute blanche.

Ses cloches, égrenant d'une voix claire et franche,
Leurs mystiques appels aux cœurs adorateurs,
Répondent aux vains bruits des plaisirs trop menteurs
Et leur céleste accord en caresse s'épanche,

Comme pour endormir la souffrance en notre âme,
La faisant souvenir que pour les malheureux,
L'Eglise tient caché le précieux dictame

Qui guérit à jamais les douleurs de la vie,
Puisqu'elle est le palais du Maître des heureux,
Partageant à ses saints un bonheur sans envie !

J. Cherbut.

PREMIÈRE PARTIE

Jassans.

L'église d'un village est le cœur de sa vie la plus intime, le centre de ses aspirations les plus élevées : c'est vraiment la maison commune, ouverte à tous les chrétiens quand il leur plaît d'y pénétrer, pour vivre auprès du Père Céleste dans la prière et l'amour.

Mais avant d'étudier son Église, jetons un regard d'abord sur le village de Jassans, qui s'étend des deux côtés de cette maison de Dieu, le long des balmes que forment les dernières ondulations des Dombes, que la verdure pare de couleurs si fraîches, au milieu de leurs contours variés.

Au midi, s'étalent les blanches maisons de Riottier, mirant l'éclat de leurs teintes dans la Saône, singulièrement élargie, où se réfléchissent à leur tour les hauts peupliers de la rive. Riottier forme l'extrémité de cette boucle, cette *anse* de la rivière, au cours paresseux, qui a déjà donné son nom au chef-lieu d'un canton voisin, sur l'autre bord.

Au sommet de la colline, la poype de Riottier couronne les chemins de ronde et les ruines d'un vieux château, dont la tradition locale fait remonter la construction à plus de mille ans.

Plus au nord, voici, groupées, les maisons du Devay. A quelques pas, à l'entrée d'un riant vallon, le cimetière, si plein de calme et d'un sîte tel, qu'un passant disait à le voir : « *C'est ici que je voudrais dormir mon dernier sommeil ; la vue est si belle sur le pont de Frans, son port, son usine, sur les collines du Beaujolais !* » Ici, Monplaisir, propriété de Mr H. Marion, ancien magistrat. Sur le bord du chemin, le monument de la Sainte-Vierge, surmonté d'une statue en fonte qui reproduit les traits de Notre-Dame du Peuple à Rome.

Voici ce qu'on appelle ordinairement le village, le point indiqué dans la carte d'Etat-Major pour désigner Jassans : quelques maisons au-dessous de l'Eglise, et semblant s'abriter sous ses ailes, les écoles et la cure. En face, une large avenue, formée par une double rangée de marronniers, dont les grappes roses, au printemps, et les feuilles plus sombres, à l'automne, font à l'Eglise une pittoresque parure.

Reprenant le vieux chemin du village, nous trouvons, à droite, la belle habitation de M. du Verne : plus loin, au levant, le Ginier ; du côté de Villefranche, la gare des tramways du S.-E., avec l'atelier des réparations joint à l'entrepôt des machines.

Nous sommes maintenant au carrefour des Quatre-Chemins, formé par le croisement des routes de Bourg à Villefranche et de Lyon à Mâcon. La voie qui conduit à Bourg compte sur ses bords une douzaine de

La statue de la Vierge.

maisons de Jassans, puis elle rencontre, à 4 kilom
au-delà, la route de St-Trivier-de-Courtes à Trévoux.
C'est la station d'Ars, où les pèlerins vont en foule
pour obtenir des grâces précieuses, par l'intercession
du vénérable Mr Vianney.

Dans la direction de Villefranche, la même route
aboutit au nouveau pont métallique de Frans, dont
les blanches piles s'harmonisent si coquettement aux
lignes plus sombres des masses de fer de l'ensemble.

Suivons la grande route de Lyon à Mâcon : voici à
gauche, après les Quatre-Chemins, la maison des
employés des tramways ; à droite, dominant la route et
toute la rive de la Saône, le château de la Place, propriété de Mr Claude Treive ; tout à côté, à demi caché
dans un berceau de verdure, Gletteins, résidence des
seigneurs souverains de la localité avant la Révolu-
tion, aujourd'hui demeure de l'ancienne famille de For-
crand de Coiselet. Ces dernières habitations, entourées
de plantations magnifiques, ont encore l'heureux
privilège de jouir, en des échappées superbes, de
magnifiques horizons ; tout en face, au-delà de Villefranche, les montagnes du Beaujolais, en leurs pitto-
resques contours, constituent un féerique panorama,
variant à chaque heure du jour.

Plus loin encore, à l'extrémité de la commune, la
ravissante demeure que les mariniers appelèrent longtemps *le bijou* de la Saône : deux fois intéressante
pour les habitants de Jassans et deux fois chère, parce
que c'est un bosquet enchanteur assez voisin de Beauregard, au féerique décor, — mais surtout parce que

c'est la maison qu'habita Mr Poncet, le généreux fondateur de leur si belle Eglise.

Que si d'aucuns jugeaient excessif l'amour que
nous avons témoigné pour notre village, en esquissant
à traits rapides ses grandes lignes, qu'ils viennent
passer quelques heures parmi nous, profitant d'une
belle journée, et ils s'en iront, ravis, — nous n'en
doutons point, — de notre Eglise d'abord, et aussi du
splendide paysage dont la Providence s'est complu à
tracer le dessin.

M. Benoît Poncet.

Le Donateur.

Une courte notice paraît ici nécessaire pour faire comprendre par suite de quel évènement M. Poncet fut conduit à bâtir, avec une telle magnificence, dans un village qui ne comptait pas alors quatre cents habitants.

Né en 1806, à Montmerle, Benoît Poncet suivit à son heure les cours d'enseignement secondaire de son époque, cours qu'il acheva dans la pension de M. Bailly, dont il devait plus tard épouser la fille (11 avril 1832).

Il choisit pour carrière la profession d'architecte et, dès 1844, il dirigeait la construction de la maison Bouillier, à Jassans, aujourd'hui propriété de M. du Verne.

Séduit par le calme que présentait alors notre petit et gracieux village, —.dont une aimable société augmentait encore le charme —, M. Poncet s'établit lui-même dans son domaine du Creux-Guillin, assez rapproché de Lyon pour pouvoir s'y rendre, le matin, vaquer à ses affaires et revenir, le soir, jouir des douceurs de la vie de famille.

Il avait 42 ans, — cet âge du développement parfait
et de la plus grande activité, — quand il se concerta
avec quelques Lyonnais entreprenants. Ils convinrent
qu'il fallait donner de l'air à la ville de Lyon, dont les
rues, jusque là étroites et tortueuses, suintant l'humi-
dité, formaient, pour leurs malheureux habitants, de
véritables foyers pestilentiels. Il était temps de dégager
ce vieux fouillis d'anciens quartiers et d'ouvrir au
travers de grandes artères, qui maintiendraient, pour
de longues années encore, la vie industrielle et com-
merciale, dans cette partie de la cité qu'enserrent les
deux fleuves.

L'agrandissement incessant du Lyon actuel, qui
envahit les quartiers autrefois déserts desBrotteaux et
de la Vitriolerie, donne à ce moment même raison à
ces esprits jugés, en leur temps, aventureux, et si les
rues de l'Hôtel-de-Ville et de la République n'avaient
pas alors été percées, nous assisterions depuis longtemps déjà à cet exode du vieux Lyon vers les plaines
du Dauphiné.

C'est en quelque sorte pour compléter l'œuvre de
M. Poncet et de ses collaborateurs, qu'on détruit aujourd'hui les rues de la Martinière, qu'on remanie tout
le quartier du vieux St-Paul, afin de créer à la population de nouvelles demeures plus aérées, partant plus
salubres.

M. Poncet eut l'honneur d'être chargé de présenter
à l'approbation officielle le projet du nouveau système
de voirie. Il se rendit à Paris, y obtint l'autorisation
nécessaire, un des derniers actes, si ce n'est le dernier,

du roi Louis-Philippe. De retour à Lyon, portant à ses concitoyens l'annonce du bon succès de ses démarches, M. Poncet leur apprit encore la proclamation de la République à Paris (24 février 1848).

Pendant les jours troublés qui suivirent, nos associés se demandèrent, inquiets, à quoi pouvait servir une autorisation accordée par un gouvernement déchu. Mais bientôt, le calme renaissant, ils reprirent courage et leur œuvre entra dans la période d'exécution.

La rue Centrale fut la première où s'essaya la jeune Société. La pioche démolit les antiques demeures : le cordeau et l'équerre dessinèrent la rue nouvelle, où l'air allait pénétrer abondant avec la lumière.

Mais avant tout, il fallait traiter avec les propriétaires des immeubles démolis, pour les indemniser; il fallait aussi reconstruire. Le tempérament de M. Poncet put alors déployer toutes ses ressources. Homme d'expérience, plus peut-être d'intuition, il jugeait avec sûreté, du premier coup-d'œil, il traitait de même. Déployant une activité que rien ne parvenait à lasser, il commença dès lors à édifier sa fortune personnelle, assurément légitime, puisqu'il la devait à son travail ininterrompu, résultat de ses connaissances techniques et de l'acuité de ses belles facultés.

Humainement tout lui souriait ; ses amis étaient nombreux, la considération publique l'entourait de son estime respectueuse. A cela s'ajoutait le charme d'un intérieur parfait. Mme Poncet, noble et excellente femme, joignait à une piété profonde, un dévouement de chaque instant, une simplicité des plus affables.

Dieu leur avait donné un fils, qui touchait à sa dix-septième année.

Il y avait une ombre à ce tableau. Au point de vue religieux, M. Poncet, jusque-là, était resté indifférent: souvent, sur sa fine physionomie, s'éclairait le sourire du sceptique, et ses lèvres n'ignoraient pas la facile raillerie, plus ou moins gauloise, à l'adresse de tout ce qui touchait aux questions et aux personnes religieuses. Dieu, ayant son heure, l'attendait et, pour prix de son âme, allait lui demander le plus dur sacrifice.

Le fils de M. Poncet atteignait l'âge où « *la chasse plaît le plus aux jeunes esprits* ». Un jour, après une course rapide, il s'assit couvert de sueur et prit un refroidissement. Le docteur, appelé auprès du cher malade, n'oublia pas, hélas! les prescriptions de la vénérable Faculté : il pratiqua la saignée, et deux jours après l'enfant était mort.

Comment peindre la douleur du père et de la mère? Mme Poncet, pieuse chrétienne, souffrit sans faire entendre de plaintes trop amères, faisant avec résignation, mais aussi dans l'angoisse, le sacrifice de son fils à la volonté de Dieu. M. Poncet, au contraire, en proie à une fureur sombre, quitta son habitation de Jassans, pour se soustraire à toute visite et resta quelque temps, seul avec son désespoir, dans un cruel isolement.

Jassans avait alors pour curé un prêtre d'une rare bonté, M. Beau. Qu'il suffise, pour le faire connaître, de rappeler que dès son arrivée dans la paroisse (1846), à première vue, il fut choisi par le vénérable Mr Vianney pour être son confesseur, fonction qu'il remplit jusqu'à la mort du saint curé d'Ars (1859).

M. Beau, renseigné par Mme Poncet, se rendit auprès de son paroissien et, partageant son affliction, le toucha par sa compassion, si évidemment sincère. Il ranima dans son âme les espérances chrétiennes, la foi en une vie meilleure, la certitude de revoir son enfant. M. Poncet revint donc chez lui, avec un ami de plus, en même temps qu'un guide dévoué. Un maître compléta l'œuvre de sa conversion : c'était le R. P. Jaffre, de la Cie de Jésus, alors professeur à Mongré.

Bientôt, sur les instances de ses amis et de ses co-associés, M. Poncet reprit le cours de ses travaux et y trouva une heureuse diversion à sa douleur. Puissamment aidé par M. Waïsse, préfet et sénateur du Rhône, par le très large concours de Mc Berlotty, qui mettait son coffre-fort de notaire à la disposition de cet actif client, il perça la belle artère qui s'appela d'abord rue Impériale, aujourd'hui rue de la République (1853-1854). Sa fortune augmenta rapidement : le gouvernement de Napoléon III rendit justice à son mérite en le faisant Chevalier de la Légion d'Honneur. Bientôt, sa réputation s'étendit au loin : à son tour M^r le Maire de Rouen lui demanda de rajeunir la vieille cité normande. Cette occasion permit à M. Poncet de prouver, non sa seule habileté, mais aussi sa rare prudence, car s'il accepta de tracer le plan des nouveaux quartiers de Rouen, il refusa de se charger de l'exécution : il ne connaissait plus, en effet, comme dans la région lyonnaise, la valeur des terrains et des matériaux.

Il allait céder de même aux désirs de Nice la Jolie, mais s'il contribua pour sa part à embellir cette perle de la Côte d'Azur, ce ne fut pas à son avantage ; son activité commençait à décroître. Il resta dès lors plus souvent à Jassans, où ses nombreux amis l'entouraient de leur chère affection.

Genèse de l'Eglise.

Un jour, — dans les premiers mois de 1862, — Mme Poncet vint dire à l'architecte — les mères, tout en gardant le silence, n'oublient jamais — *Benoît, mon ami, si tu voulais, nous ferions construire à Jassans un petit oratoire, une chapelle où nous ramènerions les restes de notre enfant*(1)... *Nous pourrions prier près de lui !*

M. Poncet recueille cette pensée et l'approuve, mais à l'instant, il voit plus haut et plus loin. Esprit impétueux, pour lui concevoir et exécuter ne font qu'un. Il se rend à Lyon, dont toutes les ressources lui sont connues ; là, il s'adresse à Mr Giniez, architecte de valeur et chrétien parfait, lui confie son dessein et lui demande un plan.

Désireux de ne pas froisser la municipalité, il prévient Mr Margerand, bâtonnier du barreau de Lyon, alors maire de Jassans, et qui venait de faire construire un clocher, sans doute pour y loger une cloche, mais aussi pour embellir l'ancienne et pauvre église. Ce dernier, foulant aux pieds tout amour-propre, ne put que louer le zèle de M. Poncet qui, pour éviter toute

---

(1) Son corps était enseveli dans un tombeau à Loyasse.

chicane, achète d'abord le terrain contigu à l'ancienne
église, avertit ensuite Mgr de Langalerie, évêque de
Belley, le prie « de venir bénir la première pierre si
c'est possible, ou du moins consacrer plus tard ce monument de sa piété ».

Bientôt les charrois se multiplient : d'énormes
pierres viennent s'engloutir dans les substructions, à
une profondeur considérable. Vu la nature du terrain,
M. Poncet pense qu'il n'y en a jamais assez : il avait
raison, toujours, car il ne s'est produit aucun tasse-
ment apparent de son édifice, et l'appareil a gardé
toute son unité.

On nous permettra bien, en passant, de glisser ici
un petit trait de mœurs. Comme on parlait beaucoup,
aux environs, de la construction d'une église à Jassans,
le percepteur de Trévoux vint trouver un jour l'adjoint
au maire, Mr Claude Treive, et lui fit ce reproche :
« *Comment, on bâtit une église, et personne ne m'a encore
avisé ! Je suis pourtant le receveur des deniers commu-
naux !* » Evidemment, c'était là le point douloureux : pas
de fonds versés, pas de pourcentage. M. Treive répondant : « *Mais je ne suis pas mieux renseigné que vous ! —
Comment ? — Non*, ajoute l'adjoint, *M. Poncet vient
sans doute d'acheter un terrain : il fait bâtir ; mais sera-
ce un collège, un théâtre, une église ? je ne sais !* » — Le
publicain, ayant compris, s'enfuit et court encore.
M. Poncet, apprenant ce détail, constata avec un sourire malicieux que son argent était en aussi grande
sécurité dans son coffre-fort que dans la caisse officielle
du malheureux percepteur.

Bénédiction
de la première pierre.

Les fondations s'élevèrent rapidement au-dessus du sol et, le lundi 8 décembre 1862 fut choisi pour la bénédiction de la première pierre.

A l'issue de la grand'messe, la paroisse entière se rendit sur l'emplacement de la nouvelle église, où flottaient au vent les couleurs nationales. — Au son des cloches, mêlés aux détonations des pièces d'artifice, s'avançait le cortège officiel, précédé de la croix, des enfants de chœur, des bannières. On y remarquait : MM. Beau, curé de Jassans, Roybier, curé de Saint-Didier-sur-Formans, et Manivoz, curé de Beauregard ; M. Benoît Poncet, chevalier de la Légion d'Honneur, fondateur de l'église ; MM. Claude Margerand, chevalier de la Légion d'Honneur, membre du Conseil général de l'Ain, bâtonnier de l'ordre des avocats à la Cour d'appel de Lyon, maire de Jassans, et Claude Treive, adjoint, tous deux ceints de l'écharpe municipale ; MM. Antoine Limandas et Louis Perraud, membres du Conseil de Fabrique ; MM. Mathieu Treive, Benoît

Treive, Claude Latour, Claude Perret, Jean-François Deviègue, Benoît Fanton et Claude Favre, membres du Conseil municipal ; MM. les entrepreneurs, employés et ouvriers choisis pour la construction de l'église, puis venaient les habitants de la commune dans le plus grand ordre et chantant le *Veni Creator*.

Lorsque le silence fut établi, M^r le curé de la paroisse bénit la première pierre, en accomplissant les cérémonies prescrites et en récitant les prières de l'Eglise, auxquelles s'associait pieusement l'assistance.

M. Poncet présenta ensuite au Maire une truelle en argent, un marteau et un ciseau d'acier poli, à l'aide desquels ce magistrat scella la pierre bénite, sous laquelle on avait placé une boîte en plomb de 0^m 25 de longueur, sur 0^m 15 de largeur et 0^m 05 de hauteur. Elle renfermait, avec plusieurs médailles et menues pièces de monnaie de l'année (1), une plaque en cuivre, qui porte l'inscription suivante, en langue latine :

ANNO REPAR. SALUT. MDCCCLXII,
ROMÆ, PIO PAPA NONO SUP. CATHED,
PETRI SEDENTE,
REGNANTE NAPOLEONE III
FRANCORUM IMPERATORE
DD. PETR. HENR. G. DE LANGALERIE DIOC.

---

(1) D'après une plaquette de 7 pages, imprimée chez Vingtrinier (Lyon).

BELLIC. EPISCOPO

D. L. DE St-PULGENT ✳ REG. INDICOE (1)
PROEFECTO,

D. L. DU MARAIS, TREVOLCI SUB. PROEFECTO

D. LUDOV. BEAU, LOCI JASSANS ET RIOT-
TIERS PAROCHO,

D. CLAUDIO MARGERAND ✳ ET D. CLAUDIO
TREIVE

EJUSDEM LOCI MAJORE ET ADJUNCTO
CONSULIBUS

ECCLESIAM HANC

AD DEI GLORIAM OMNIPOTENTIS

ET HONOREM B. MARIOE VIRGINIS IN COELUM
ASSUMPTOE,

SINGULARI PIETATE MOTUS,

---

(1) Cette inscription, d'un beau style lapidaire, offre quelques ressemblances avec celles que nous lirons plus tard sur les tombeaux de la chapelle mortuaire. Toutes ont sans doute eu pour auteur le R. P. Jaffre, de la Cie de Jésus. Une expression toutefois nous paraît bizarre : M. le préfet de l'Ain est désigné par ces mots : *regionis Indicæ præfecto....!* Le Révérend Père, étranger à notre pays... ou à notre accent, aurait-il compris qu'on lui disait, en indiquant le personnage en question, « *préfet de l'Inde* » ? Assurément le mot « *Ain* » de l'arabe *aïn*, l'eau par excellence — n'a jamais été traduit par « *Indica* » ou « *regio Indica* ». Les futurs archéologues pourront chercher longtemps dans quelle province de l'Inde fut préfet M. L. de St-Pulgent.

C'est peut-être aussi une faute du copiste, ou d'un autre ouvrier, qui aurait dû lire « *regionis Idanæ præfecto* », orthographe conforme au vieux nom « *Danus ou Idanus* », donné à la rivière d'Ain. Notons que nous retrouvons ce suffixe — *Danus*, dans d'autres noms de rivières : cf. *Eri-danus : Rhodanus*.

ATQUE FILII CARISSIMI CLAUDII

ŒTATIS ANNO XVI DEFUNCTI MEMOR

D. BENEDICTUS PONCET ❋,

ARCHITECTUS LUGDUNENSIS PERITISSIMUS,

POST INGENS VIARUM CENTR. ET IMPERIALIS

LUGDUNI

ET RESTAURANDŒ ROTOMAGI CIVITATIS

OPUS,

ŒRE PROPRIO ET SUMPTIBUS SUIS,

PLAUDENTE IPSIUS UXORE DANNA BAILLY,

ŒDIFICARE STATUIT.

QUORUM MEMORIA SIT IN BENEDICTIONE

AMEN.

BENEDICTUS AC POSITUS EST

CUM MAGNO HABITANTIUM CONCURSU

PRIMUS LAPIS,

OCTAVO DECEMBRIS DIE

QUO FESTUM SOLEMNITER

IMMACULATÆ CONCEPTIONIS AGITUR.

La susdite inscription fut traduite en français et lue par Mr Margerand à ses administrés, en ces termes :

    « *L'an de grâce 1862, sous le pontificat de Pie IX,*
« *assis en la chaire de St-Pierre, à Rome, et le règne de*
« *Napoléon III, Empereur des Français, — Mgr Pierre-*
« *Henri Gérault de Langalerie, évêque de Belley ; —*
« *M. L. de Saint-Pulgent, chevalier de l'Ordre Impé-*
« *rial de la Légion d'Honneur, préfet de l'Ain ; — M.*
« *Louis du Marais, sous-préfet de Trévoux ; — M. Louis*

« *Beau, curé de Jassans et Riottiers ; — M. Claude*
« *Margerand, chevalier de l'Ordre Impérial de la Légion*
« *d'Honneur, maire, et M. Claude Treive, adjoint de*
« *la même commune :*

« *Cette église a été édifiée pour la gloire de Dieu tout*
« *puissant et en l'honneur de l'Assomption de la B. V.*
« *Marie, par les soins et aux frais de M. Benoît Poncet,*
« *chevalier de l'Ordre Impérial de la Légion d'Honneur,*
« *architecte lyonnais très habile, après les grands tra-*
« *vaux qu'il a exécutés à Lyon pour l'ouverture des rues*
« *Centrale et Impériale, et à Rouen, pour la restauration*
« *de cette ville.*

« *Madame Anne Bailly, épouse de M. Poncet, guidée*
« *comme lui par les sentiments de la foi la plus vive*
« *comme lui désireuse de donner un pieux souvenir à*
« *leur fils Claudius, enlevé par la mort à leur tendresse*
« *dans la 16ᵐᵉ année de son âge, a encouragé son mari*
« *dans sa sainte entreprise.*

« *Que leur mémoire soit à jamais bénie. Ainsi-soit-il !*
« *La première pierre a été bénite et posée, au milieu du*
« *concours de tous les habitants de Jassans et de Riot-*
« *tiers, le 8 décembre, jour de la fête solennellement*
« *célébrée de l'Immaculée-Conception. »*

Après cette lecture, dans une chaude allocution
adressée à M. Poncet, M. le Maire ajouta, au nom de
ses administrés :

« *Non, mes chers administrés, malgré le silence absolu*
« *prescrit par le généreux fondateur de l'église dont*
« *vient d'être bénite et posée la première pierre, il n'est*
« *pas possible que nous restions muets dans cette tou-*

« chante cérémonie qui doit si vivement exalter vos
« esprits et vos cœurs. Le silence serait sans motif, par
« conséquent sans excuse, et Dieu même pourrait en
« être offensé.

« C'est, en effet, la gloire de Dieu qui fut le princi-
« pal mobile de M. Poncet dans sa pieuse entreprise.
« Après les travaux si grands, si admirables, qu'il
« avait exécutés à Lyon pour l'ouverture des rues Cen-
« trale et Impériale, à Rouen, pour la restauration de
« cette ville, il lui était permis d'être fier de ses œuvres
« et d'en consacrer le résultat à la recherche des jouis-
« sances de la vie et des satisfactions humaines, qui,
« certes, ne lui auraient pas manqué.

« Eh bien ! sa première pensée, quelle est-elle, lors-
« qu'il touche au port, lorsque les immenses affaires
« dont il a résolument porté le poids lui permettent enfin
« de respirer ? C'est une pensée sainte, qui ne tient pas
« à la terre, mais au Ciel, et dont la récompense est en
« Dieu !

« Habitant de ce modeste village, il considère que
« l'église est insuffisante à recevoir la population qui
» s'y presse, qu'elle est peu digne de la majesté de
« Jésus-Christ qui y réside. Aussitôt, sa détermination
« est prise, et par ses soins, et à ses frais, sans qu'il en
« coûte à la commune le moindre sacrifice, un nouveau
« temple s'élèvera pour la plus grande gloire de Dieu,
« et en l'honneur de l'Assomption de la B. V. Marie,
« dans des conditions de splendeur et de dignité en
« rapport avec le sentiment qui le dirige.

« Notre époque pourra s'étonner d'un pareil spectacle:

« elle refusera peut-être de croire à tant de dévouement
« et de générosité pour les choses du salut, à tant d'abné-
« gation et de détachement des choses de la terre.....
« Libre à elle !..... Pour nous, mes chers administrés, éle-
« vons nos cœurs en haut, et, pénétrés d'une juste recon-
« naissance pour l'incomparable bienfait que nous avons
« reçu, demandons à Dieu qu'il comble le bienfaiteur de
« ses grâces, qu'il lui accorde de longs jours et qu'il
« lui réserve, dans la vie future, la couronne de gloire
« qui ne se flétrit jamais.

« Formons les mêmes vœux pour la vertueuse com-
« pagne que M. Poncet s'est choisie et qui, animée
« comme lui de la foi la plus vive, l'a soutenu à l'heure
« de l'épreuve, pour partager avec lui les honneurs du
« succès.

« Ah ! qu'ils me permettent l'un et l'autre de leur
« offrir une consolation, à côté du plus douloureux sou-
« venir..... Ils avaient un fils tendrement chéri et qui
« méritait de l'être..... Dieu le leur avait donné ; Dieu
« le leur a ôté : Deus dedit ; Deus ademit. — Que sa
« volonté soit faite ! répéteront-ils avec moi, dans l'hé-
« roïsme de leurs convictions religieuses !... Oui, l'âme
« du jeune Claudius a tressailli de bonheur, à la vue des
« préparatifs faits par son père et par sa mère, pour
« élever au Dieu trois fois saint une demeure digne de
« lui ! Ses restes mortels auront leur place, à côté d'eux,
« dans les caveaux du Temple, et chaque dimanche,
« avec eux, il participera au bienfait de la prière qui se
« répète suivant les traditions catholiques, pour ceux qui
« ont fondé cette église et lui ont donné de leurs
« biens..... »

C'est l'heure de protester, dans cette notice, contre les traditions locales, entièrement erronnées, touchant les raisons qui auraient déterminé M. Poncet. Celle qu'on a le plus fréquemment répandue consiste à soutenir que M. Margerand, ayant plaidé pour M. Poncet et gagné tous ses procès, lui aurait imposé de bâtir une église.

Rien de plus absurde qu'une pareille clause, indigne des deux personnages ainsi jugés. Et tout d'abord, c'est un fait que jamais M. Margerand ne plaida pour M. Poncet : au surplus, il suffirait de relire les paroles si reconnaissantes prononcées au nom de la commune par M. Margerand, pour rester bien convaincu de la parfaite générosité du fondateur et du motif pieusement paternel de son œuvre.

Puissent ces quelques lignes détruire sans retour la légende rapportée plus haut ! Hélas ! rien n'est moins sûr, tant il est malaisé d'extirper une erreur d'un cerveau obstiné, qui ne croit qu'à lui-même.

Premières Cérémonies.
Les Cloches.

———

Après cette première cérémonie, les rigueurs de l'hiver vinrent forcément interrompre les travaux, qui reprirent dans les premiers jours de mars (1863), avec un tel élan que pour Noël de la même année, les charpentiers avaient placé la dernière baie de la toiture.

L'année 1864 vit terminer l'intérieur de l'église : les voûtes furent achevées, les vitraux posés, le clocher construit, et Monseigneur de Langalerie autorisa la célébration de la Sainte Messe dans la nouvelle Eglise.

Le 23 octobre, avant le chant des vêpres, M. Beau adressa à M. et à Mme Poncet quelques paroles émues, puis il fit ses adieux à la vieille église : pourtant, l'amour de la nouvelle l'emportait de beaucoup dans son cœur : il finit, en effet, par ces mots : « *Adieu, vieille église, tu m'as vu naître à la vie de la grâce..... Ta sœur, qui te remplace, est plus belle : ses couleurs sont plus éclatantes, sa robe est plus variée..... »*

L'ancienne Eglise ne devait pas néanmoins disparaître en entier : elle allait nous laisser des œuvres d'art, qui ne sont pas sans prix, et surtout des habitudes, des pratiques pieuses, qui sont encore pour les âmes d'inépuisables trésors de grâces.

Le premier chant liturgique qui se fit entendre, sous les voûtes du sanctuaire, fut le « *Dies iræ...* » La famille Poncet avait demandé que les premières prières fussent pour l'enfant disparu : rien de plus légitime, bien qu'il nous semble, à distance, que c'était une liturgie bien sévère pour un enfant de seize ans : il est vrai qu'à côté de ses strophes épouvantées, le « *Dies iræ* » renferme aussi de suaves consolations. « *Qui Mariam absolvisti.... O vous, qui avez pardonné à la pécheresse Marie, qui avez exaucé le bon larron, vous m'avez donné, à moi-même, la céleste espérance.* »

Après le chant du « *Magnificat* », commença la bénédiction de deux cloches. La première du poids de 21 quintaux ordinaires, non compris le battant, fut donnée par MM. Claude Treive, maire de Jassans, et Benoît Treive, trésorier de la Fabrique, à l'occasion du mariage de leur petit-fils et fils, Claude Treive, avec Mademoiselle Elisa-Jeanne-Antoinette Laverrière.

Cette cloche dit elle-même, en de multiples inscriptions, les noms des donateurs, des parrains et marraines. Sur ses bords, se suivent en guirlande les médaillons de saint Claude, saint Benoît, saint Antoine, saint Louis, et, en un module plus grand, l'image de la B. V. Marie.

La Fabrique fit en même temps l'acquisition d'une seconde cloche, du poids de 10 quintaux. Le parrain fut M. Marie-Joseph-Gabriel-Théodore Margerand, et la marraine Mᵐᵉ Marie-Joséphine-Augustine de Nolhac, veuve Margerand.

L'ancienne église possédait déjà une cloche, du poids de 1625 livres, donnée jadis par Mˡˡᵉ Françoise Francey, fondue par Burdin. Gulliet, le fondeur des nouvelles cloches réussit à les harmoniser parfaitement avec l'ancienne : elles donnent les notes fa, sol, la, et font entendre de puissantes et pures sonneries.

Dès ce moment, les cérémonies vont se précipitant. Le 26 octobre 1864, trois jours après la bénédiction des cloches, les restes mortels du fils de M. Poncet furent retirés du cimetière de Loyasse, où ils avaient été déposés en 1851, et ramenés à Jassans par M. Beau, curé de la paroisse, accompagné de M. Claudius Bailly, oncle du défunt, alors juge de paix à Belleville et de M. Louis Bourdon, ami de la famille, ancien professeur au lycée de Lyon. Les nouvelles cloches firent entendre leur premier glas : plusieurs prêtres voisins assistèrent à la cérémonie funèbre, à laquelle s'étaient rendus les paroissiens en grand nombre. La messe fut chantée solennellement et, pour la première fois, l'orgue déploya ses richesses harmonieuses sous les doigts agiles de M. Charles Widor, alors à peine âgé de vingt ans, mais dont le jeune talent promettait déjà l'incomparable artiste qui s'est plus tard imposé à l'admiration de tous.

Le lendemain, une messe solennelle fut aussi célébrée pour le repos des âmes de Benoît Poncet et Marie Rozet, Claude Bailly et Suzanne Bouvier, parents de M. et Mme Poncet, qui réunissaient ainsi dans un même souvenir pieux les êtres qu'ils avaient le plus aimés.

Consécration

de la Nouvelle Eglise.

Le 30 Mai 1865, jour choisi pour la consécration de l'Eglise, devait rester au cœur des habitants de Jassans comme un souvenir impérissable. Dès la veille, la paroisse était en fête.

Le prélat, venu dans sa bonne paroisse, parut sous le dais ; entouré de nombreux diocésains, il fit son entrée dans l'Eglise toute étincelante de clarté, grâce à la brillante illumination du grand-autel et aux huit couronnes de lumières suspendues entre les colonnes.

M. Beau, curé de la paroisse, heureux de pouvoir exprimer, avec sa reconnaissance, sa joie et sa fierté, demanda à son Evêque de bénir tous ceux qui avaient préparé cette journée triomphale.

Le lendemain, après avoir donné la Confirmation et distribué la Sainte Communion, Monseigneur de Langalerie commença, à 9 heures, la longue cérémonie de la Consécration. Il était entouré d'un nombreux clergé ; on remarquait M. Buyat, vicaire général ; M.

Jolibois, curé de Trévoux ; dom Gabriel, abbé de la Trappe d'Aiguebelle, et dom Augustin, prieur de Notre-Dame du Plantay, connu auparavant sous le nom de marquis de la Douze, tous les curés des nombreuses paroisses voisines, etc.

Au moment indiqué par le Pontifical, lorsque la foule qui stationnait, impatiente, au dehors eut pénétré dans le Saint Lieu, l'Evêque adressa à l'assistance les paroles émues que nous allons reproduire telles qu'elles nous ont été transcrites par M. Beau. Quelques lacunes les dépareront, peut-être, mais ce qui nous reste est marqué au coin de la véritable éloquence.

« *Jusqu'à ce jour, dans le moment solennel où nous*
« *sommes, j'ai dû m'adresser, au nom de l'Eglise qui*
« *m'en impose la douce obligation, à un groupe plus ou*
« *moins nombreux de bienfaiteurs et de patrons. Aujour-*
« *d'hui, la part faite au sympathique intérêt de la popu-*
« *lation toute entière, au zèle du digne pasteur, au con-*
« *cours de l'excellent maire qui a voulu donner sa voix*
« *d'airain à la flèche de la nouvelle Eglise, aujourd'hui*
« *je me trouve en présence d'une seule famille,..... d'un*
« *seul homme..... Ah ! qu'ai-je dit ?..... d'un père, d'un*
« *pauvre père, d'une pauvre mère, qui me disait en me*
« *montrant cet édifice et en me demandant de le consa-*
« *crer : C'est la dot de notre fils !...*

« *Monument de deuil et de foi, cette église si remar-*
« *quable à tous égards, qui fait autant d'honneur aux*
« *entrepreneurs et aux ouvriers qu'aux architectes eux-*
« *mêmes, cette église est le fruit d'un acte de résignation*

« *et d'espérance ! Dans une chapelle obscure, mais tou-*
« *jours soigneusement décorée, trois tombes sont prépa-*
« *rées. Hélas ! l'une d'elles a déjà reçu sa dépouille : les*
« *autres attendent ! O mon Dieu ! au nom des pauvres et*
« *des malheureux, pour le bonheur de la contrée, je vous*
« *le demande, qu'elles attendent longtemps !*

« *Mais un autel est tout à côté, sous une verrière*
« *reproduisant la touchante image de Notre-Dame des*
« *Douleurs ! Ah! c'est l'autel du sacrifice, et cette Eglise*
« *elle-même, en rappelant le triomphe de l'Homme-Dieu,*
« *nous redit aussi sa douloureuse Passion ! Partout,*
« *dans l'enceinte sacrée, nous retrouvons cette impor-*
« *tante maxime qu'il faut souffrir et s'humilier pour*
« *remonter à la pureté, à la noblesse de notre primitive*
« *origine.*

« *Une croix élancée surmonte l'élégante flèche : hier,*
« *en l'apercevant de loin, nous avons cru découvrir en*
« *même temps le paratonnerre destiné à préserver l'édi-*
« *fice de la foudre matérielle qui brûle et qui tue. La*
« *Croix est le signe auguste qui préserve nos âmes, et du*
« *péril de la mort éternelle, et des feux de l'enfer. Il a*
« *fallu des siècles, avant de reconnaître les propriétés*
« *singulières de la foudre et de ces pointes métalliques*
« *qui nous en préservent. Il a fallu quatre mille ans*
« *pour arriver à la solution complète de ce problème de*
« *la préservation du mal dans le cœur de l'homme, par*
« *l'épreuve, le sacrifice, supportés pour Dieu, par amour*
« *de Dieu.*

« *Les anciens tombeaux disaient la douleur, ils ne*
« *parlaient pas d'espérance. Plusieurs ont immortalisé*

« de très légitimes affections, mais les plus célèbres ne
« faisaient qu'écraser la terre de leurs poids, sans rappe-
« ler ni montrer le Ciel. Nos Eglises, et en particulier
« celle-ci, semblent à peine tenir à la terre, où elles sont
« toutefois profondément enracinées. L'église de Jassans
« semble de loin une apparition monumentale, qui
« rappelle le Ciel encore plus que la terre. Oh !
« courage ! mon bon et très cher M. Poncet ; courage !
« bonne et pieuse mère ! Je ne puis vous dire comme
« Jésus à la veuve de Naïm : « Ne pleurez pas ! » ; mais du
« moins, je vous dirai avec saint Paul, je vous dirai
« avec tous les chrétiens dignes de ce nom, je vous dirai
« en répondant aux inspirations les plus profondes de
« votre âme : « Ne pleurez pas comme ceux qui n'ont
« point d'espérances. »

« Et vous, mes Frères et enfants, enfants bien-aimés,
« vous tous qui, par affection et estime pour l'excellente
« famille Poncet, prenez une si grande part à cette fête ;
« vous, enfants de la famille, qui voyez avec un légitime
« orgueil un monument sans rival en vos contrées
« embellir votre pays natal, oh ! je vous en conjure, que
« cette belle et charmante Eglise vous rappelle vos
« immortelles destinées et les moyens à prendre pour
« les remplir. Avez-vous remarqué dans tout cet édifice
« quel choix de matériaux ! M. Poncet n'en voulait que
« de première qualité, mais encore, ces matériaux si
« parfaits, il fallait les préparer et les polir. Ah ! mes
« Frères, Dieu est un grand architecte ! C'est avec des
« matériaux admirables qu'il construit son Eglise du Ciel :
« nos âmes, nos âmes immortelles, faites à son image,

« rachetées et purifiées par le sang de son Fils. Mais
« encore faut-il les préparer et les polir ; le marteau et le
« ciseau sont nécessaires, c'est-à-dire qu'il faut se faire
» violence à soi-même, corriger ses défauts, surmonter
« ses mauvaises inclinations, pratiquer courageusement
« ses devoirs.

« Ah ! tous, nous devons nous rendre dignes d'entrer
« dans la Jérusalem Céleste. Puissions-nous être tous
« fidèles au rendez-vous que j'aime à vous donner pour
« les fêtes du Ciel, dans la cérémonie de ce jour, qui en
« est la douce et chère image ! Amen ! ».

La consécration de l'église terminée, M. Buyat,
vicaire général, célébra la Grand'Messe. Le jeune
artiste dont nous avons déjà parlé, M. Widor, avait
composé spécialement pour la circonstance une messe
en musique d'une exécution difficile, mais admirablement interprétée par des amateurs lyonnais.

Deux incidents devaient marquer la fin de cette
magnifique cérémonie. Nous nous reprocherions
comme une faute de les passer sous silence.

Au moment de la Communion, un homme s'appro-
cha de la table sainte. Il était midi et demi. Cela parut
extraordinaire. Il n'y avait sur l'autel que l'hostie con-
sacrée à la messe. M. Buyat était d'avis qu'on ne don-
nât pas la Sainte Communion. Mais quand on lui eut
dit que c'était l'architecte de l'Eglise, Monseigneur
de Langalerie brisa lui-même une parcelle de la grande
hostie, puis alla communier ce chrétien qui venait de
bâtir à son Dieu une si belle demeure, et qui voulait
lui offrir un temple que le Seigneur lui-même juge

infiniment plus désirable et plus beau : un cœur imprégné de foi et tout brûlant d'amour.

Déjà, à la fin de son instruction, Monseigneur de Langalerie, qui avait toutes les inspirations délicates, s'était arrêté vers M. Poncet et lui avait dit: « *Ce n'est point ma coutume, mais ce n'est pas non plus défendu par les rites sacrés : pour vous exprimer ma joie et ma reconnaissance, Monsieur, permettez que je vous embrasse !* », et alors, le généreux fondateur qui, pendant la longue cérémonie de la Consécration, avait sans doute repassé dans ses souvenirs son enfance à Montmerle, ses jeux sur les bateaux de la Saône, sa vie d'écolier, ses études, ses premiers succès, la mort de son enfant, sa nomination comme Chevalier de la Légion d'Honneur ; qui voyait, en ce moment même, toute une paroisse massée devant son édifice ; ce[t] homme au grand cœur, recevant l'accolade du chef de son diocèse, de son évêque en habits pontificaux, ne put se contenir : il laissa couler ses larmes, saines et saintes, mélangées de joie et de tristesse, qui associaient son cher enfant à ses propres mérites et affermissaient encore son espérance d'un prochain et définitif revoir.

M. Poncet avait employé à la construction de son Eglise, disait-il, *la dot qu'il eût donné à son fils pour entrer dans la vie*. Mais cette église de Jassans peut bien être considérée comme sa fille ! fille, qui certes pendant de longues années et, nous l'espérons, pendant de longs siècles, lui fera un incomparable honneur !

Ces belles fêtes religieuses, où l'union des cœurs
était parfaite, remplirent d'allégresse tous les habitants
de Jassans. Il s'en dégagea comme un puissant arome
qui conserva longtemps dans les âmes la foi et les
vertus chrétiennes. Si de nos jours encore, malgré la
guerre faite de toutes parts aux institutions religieuses,
l'ancienne population a conservé ses sentiments de
douceur, de bienveillance, de charité chrétienne, elle
le doit à ces grands souvenirs. Il n'est pas rare d'entendre encore aujourd'hui, après quarante ans, des
personnes âgées, dire avec une fierté pieuse : « *Ce jour
là mon fils était enfant de chœur.* »

Puissent ces quelques lignes inspirer aux généra-
tions nouvelles le désir de goûter aux joies saintes et
durables de leurs pères, raviver et augmenter leur foi!
Puissent-elles aussi leur inspirer des mœurs vraiment
chrétiennes, qui sont même ici-bas le gage de la véritable paix !

C'est une œuvre de deuil, mais aussi d'espérance !
Les pleurs ont pu sceller durement sa paroi ;
Déjà l'espoir avait apaisé la souffrance
Des pieux fondateurs, croyants au Divin Roi !

On leur avait appris, comme article de Foi,
Que la mort est toujours la douce délivrance
De l'âme qui vécut suivant sa juste Loi ;
Aussi voulant encor plus complète assurance

De ce bonheur sans fin qu'Il promet aux élus,
Se creusant des tombeaux dans sa demeure inclus,
En cette Eglise que leur cœur avait dressée

Au Maître souverain de leur sainte pensée,
Ils dorment maintenant un tranquille sommeil,
Attendant l'heureux jour du triomphal réveil !

J. Cherbut.

DEUXIÈME PARTIE

Description de l'Eglise.

ASPECT EXTÉRIEUR. — L'ENTRÉE. — LE CLOCHER.

A tout visiteur qui pénètre dans l'avenue de l'église de Jassans, ses proportions paraissent vraiment parfaites. A mesure qu'il avance, le monument semble grandir, s'élever vers le ciel : effet de perspective sans doute, mais c'est encore parce que se rencontre devant la façade une esplanade, à laquelle un perron de 17 marches permet d'accéder : puis, il en est un second, de 10 marches seulement, qui livre entrée dans l'église.

Le clocher paraît donc élevé de plus de quatre mètres qu'il ne l'est en réalité au-dessus de l'aire : chose voulue, d'ailleurs. Pour plaire aux paroissiens, qui rêvaient d'une belle tour, l'architecte avait forcé l'échelle des proportions, et c'est pourquoi, hardie et gracieuse, la flèche s'élève dans les airs à une hauteur de 42 mètres au-dessus de la chaussée.

Toutes les sculptures extérieures, — il le faut bien constater, — ne sont encore qu'ébauchées : mais nous gardons l'espérance de voir un jour le ciseau achever ce beau monument et lui donner toute sa grâce.

L'ensemble de l'église est du plus pur style roman. L'entrée comprend deux colonnes carrées, en saillie, bien que faisant corps en arrière avec le mur elles encadrent deux belles colonnes rondes, en pierre de Cruas, et supportent un fronton triangulaire.

Un bloc de pierre formant tympan, au-dessus du linteau, attend un sculpteur, pour y représenter un sujet italien choisi par M. Poncet, « *La Vierge au Sac* » ou, à son défaut, une « *Assomption de la sainte Vierge* », patronne, sous ce titre, de la paroisse et titulaire de l'église.

Les portes en décharge, sont solides, épaisses, ornées de clous de fer et couvertes de rinceaux qui jouent l'effet du bronze. Nous retrouverons ces ornements, réduits, sur la porte du tabernacle, au Grand-Autel. Au-dessus du fronton, une fenêtre trigéminée surmontée du cadran de l'horloge.

Un cordon sépare le bâtiment proprement dit du clocher. Deux grandes fenêtres géminées, divisées par d'élégantes colonnettes, contre lesquelles s'appuient les abat-son, ornent chacune des faces de la tour. Le couronnement comprend une série de tout petits arceaux, formant dentelle.

Le clocher, octogone, aux pans alternativement symétriques, est flanqué aux quatre angles de petits édicules, au toit monolithe, simulant un dôme imbriqué. Ce dôme est porté par quatre colonnes carrées formant mur, alternées avec quatre colonnes rondes.

La porte d'entrée.

Deux fenêtres, jetées, *une* et *une*, de chaque côté de la porte d'entrée, rompent la monotonie de la façade à sa partie inférieure. Elles éclairent, à gauche, la cage de l'escalier qui conduit au clocher, et, à droite, deux chambres servant d'entrepôt au matériel de l'Eglise.

LE VESTIBULE. — DIVISION INTÉRIEURE. LES COLONNES. — LA DÉCORATION. — QUELQUES OBSERVATIONS.

Le vestibule étonne par ses proportions, sa hauteur, par le choix surtout de ses matériaux. Quand on considère ces assises puissantes de pierre dure, leur symétrie, leur profondeur, on est vite rassuré sur la solidité de l'ensemble.

Le vestibule est séparé de la grande nef par un tambour richement sculpté, en chêne de Hongrie. Deux portes latérales introduisent dans le sanctuaire, l'église se trouve à peu près orientée. Il fallait bien la construire sur un plan perpendiculaire à la voie publique, mais une heureuse coïncidence a permis de suivre l'usage recommandé, sinon prescrit, de placer l'autel du côté du soleil levant, d'où nous vient la lumière matérielle, et celle, plus pure, du Soleil de Justice, qui est une des appellations données à N. S. Jésus-Christ.

La première impression éprouvée par le visiteur en entrant est celle qu'inspire une œuvre pleine d'harmonie.

Trois nefs partagent l'église : les deux collatérales sont séparées de la plus grande par huit colonnes monolithes de 7 mètres de haut. Les voûtes sont consolidées par leurs arcs doublaux, par des arceaux croisés et peints. Entrevus d'une extrémité des nefs, ces arcs, ces nervures, ces arceaux qui se rencontrent et se croisent, s'enchevêtrent et fuient, forment une perspective décroissante, qui attire le regard et le retient charmé.

Les œuvres d'art sont l'objet de critiques diverses, plus ou moins justifiées. Signalons celles que nous avons entendues plusieurs fois répéter sur l'église de Jassans.

Les colonnes, au jugement de certains, seraient trop grosses. A dire vrai, la masse en paraît respectable, vue de près, car le socle offre un mètre de côté, et leur hauteur atteint 7 mètres. Mais si l'observateur placé vers le tambour considère celles qui sont les plus voisines du chœur, aussitôt il les juge plus petites, même grêles. Ainsi font-elles ressortir les heureuses proportions de l'édifice, qui mesure 35' mètres de longueur sur 14 de largeur. Les colonnes, avec leur entablement et les flèches des voûtes, font mesurer 14 mètres, depuis les clefs de voûte jusqu'au pavé. Ainsi considérées, les proportions de l'église saisissent par leur parfait ensemble.

Ces colonnes, — monolithes, — ont des teintes légèrement dissemblables : quelques-unes sont jaunâtres, d'autres rosées, mais toutes présentent une opposition complète avec leurs chapiteaux. On croirait ceux-ci en pierre blanche et qu'il fut aisé d'en faire jaillir leurs belles feuilles d'acanthe et leurs ornements si variés. Ils sont en pierre dure, comme les colonnes, et il est vraiment surprenant d'avoir vu sortir de la même carrière (1), — petite, d'ailleurs, et tôt épuisée, — cette variété de teintes, se nuançant depuis le blanc éclatant jusqu'au reflet de marbre des pierres du clocher, qui ne montrent souvent qu'un léger filet rose ou jaunâtre.

D'autres visiteurs blâment la décoration. Celle-ci est sombre, presque nulle ; dans les soubassements, quelques moëllons bruns que sépare un filet blanchâtre.

Ici, la remarque est juste. Cependant, ne semble-t-il pas que l'architecte ait eu en vue quelque plus grave leçon, quelque idée bien symbolique ?

Il a divisé la décoration de son édifice en trois parties. La plus inférieure, — qui peut nous rappeler les Catacombes, — est bien l'image de la vie ordinaire, si souvent vulgaire, que rien n'embellit, mais qui devient si noble, quand elle se laisse pénétrer par les vérités de la foi ! — Au second plan, s'avancent les saints, les apôtres, les empereurs, les rois, tous ces élus qui, travaillant avec ardeur au salut de leurs frères, les attirent sur les pas du Sauveur. C'est la lutte, le renoncement, le courage chrétien, le zèle et la science,

---

(1) Cette carrière, propriété personnelle de M. Poncet, se trouvait à Cruas dans l'Ardèche, sur la rive droite du Rhône, à dix lieues plus bas que Valence.

l'amour des grandes et nobles choses, qui illuminent ces saints personnages : irréprochable, auguste assemblée que celle où figurent saint Jean-Baptiste, saint Henri, saint Louis, roi de France, les évangélistes ; puis des évêques comme saint Claude et saint Charles Borromée, des docteurs comme saint François de Sales ; puis encore, les hommes de la prière et du cloître comme saint Benoît, des saintes femmes comme sainte Anne, la mère de Marie, et aussi des martyrs, sainte Suzanne et saint Paul, glorieuse phalange que la Sainte Vierge conduit près de son Fils, le saint des saints, et le seul vrai Roi !

Les héros du christianisme remplissent ainsi la deuxième partie décorative de l'église, la région des verrières : au-dessus, s'étend la voûte, champ d'azur, parsemé d'étoiles, qui ravit notre imagination jusqu'au ciel, notre future patrie.

Avant de pousser plus avant cette étude de l'église, il est bon de parler ici du tambour en chêne sculpté qui supporte les orgues (1), en arrière de son couronnement.

Des colonnes aux socles nus sont surmontées de fûts en torsade jusqu'à mi-hauteur, terminés dans leur partie supérieure par des colonnes cannelées : elles sont au nombre de quatre. Dans la région du tympan, que déterminent les colonnes torses, une série de vitraux grisailles ne laisse pénétrer qu'une lumière tamisée, crépusculaire. Les arceaux enchevêtrés d'une

---

(1) Œuvre de la maison Merklein.

balustrade couronnent le tambour et font aussi galerie autour du buffet de l'orgue.

Ce travail irréprochable, dont le prix s'est élevé à
25.000 fr. est l'œuvre des sculpteurs et menuisiers les
plus habiles de Lyon.

Les Vitraux.

Nᴇꜰ ᴅᴇ ʟ'Eᴠᴀɴɢɪʟᴇ (côté droit).

Essayons maintenant de décrire et d'apprécier les vitraux, en remontant vers l'autel, mais en commençant par la droite de l'église, c'est-à-dire par le côté de l'Evangile.

La vue de ces verrières, où éclatent les plus vives couleurs, où rubis et émeraudes étincellent de leurs feux, ne nous permet pas d'oublier ces paroles de nos Saints-Livres : « *Il y aura de nouveaux cieux et une nouvelle terre...* »

La terre surabonde en merveilles visibles ; il en est aussi de cachées que la science humaine peut déjà mettre en pleine lumière. Les divers oxydes de cobalt, de manganèse, de cuivre, de fer et d'argent, l'antimonite de plomb, sont des éléments bien ternes. Cependant, par leur fusion, leur mélange avec un peu de silice, ou même étendus sur verre en simples couches de peinture que fond un feu suffisant, ils donnent le bleu de ciel, l'opale, l'améthyste, les feux de l'or ou l'éclat du vermillon, et tant que le verre subsistera, les couleurs qui le pénètrent ou le recouvrent conserveront leur étincelante fraîcheur. Que sera-ce donc de la science et de la puissance divine renouvelant le monde ?

Saint Jean-Baptiste.

Le premier vitrail se trouve dans la chapelle des fonts-baptismaux. Il représente saint Jean-Baptiste, dans son costume traditionnel, près du Jourdain. Dessin et couleurs, tout est parfait. Cette verrière occupe seulement la moitié d'une fenêtre géminée, dont la partie extérieure éclaire l'escalier du clocher : une cloison, — peinte en bleu pâle et surchargée de croix, — sépare l'escalier de la chapelle. Une guirlande encadre le Saint-Esprit, sous la figure d'une colombe à la tête nimbée d'or. La cuve des eaux du baptême est en pierre de Cruas polie, de cette teinte brun-rougeâtre qu'offrent certains marbres. Son couvercle est composé de huit panneaux triangulaires en chêne, formant une pyramide que surmonte la statue du saint Précurseur. On lit au bas du vitrail ces mots : *Donné par les amis du Vénérable Jean-Baptiste-Marie Viannay, curé d'Ars* » *(1)*.

---

(1) Cette indication se retrouve au vitrail de la chapelle du Confessionnal.

Nota Bene. — Deux catégories de lecteurs parcourront peut-être ces lignes. Les uns, accoutumés à l'étude des caractéristiques des saints, connaissant tous les détails de leur vie, pourraient nous donner de profitables leçons. Ce n'est donc point à leur intention

Rien de plus vrai, M. et Mme Poncet étaient remplis de vénération pour le serviteur de Dieu : seulement, leur générosité restant silencieuse, leur modestie reportait sur d'autres l'initiative d'un acte pieux, dont ils avaient seuls le mérite.

Deux personnages du nom de Jean vivent près de Notre-Seigneur : le plus jeune « *celui que Jésus aimait* », qui reposa sa tête, pendant la Cène, sur la poitrine du divin Maître, est saint Jean l'évangéliste : nous y reviendrons. — L'autre est le saint Précurseur, le courrier « *cursor* » qui se met en marche pour annoncer la venue de son Maître. Fils du prêtre Zacharie et d'Elisabeth, cousine de la Vierge bénie......

...Jean est sanctifié dans le sein de sa mère par la présence encore voilée de N.-S. Jésus-Christ, lorsque Marie se rendit auprès de sa parente longtemps stérile. Porté par sa mère dans le lieu appelé depuis Saint-Jean-du-Désert, pour le faire échapper au massacre des Innocents ordonné par Hérode, il grandit dans la prière et la mortification. Sa nourriture comprend des sauterelles, un peu de miel sauvage, aliments des plus pauvres. A trente ans, il va sur les bords du Jourdain, prêche aux Juifs un baptême de pénitence et leur dit, en montrant Jésus-Christ : « *Voici l'Agneau de Dieu qui efface le péché du*

---

que nous nous permettons de résumer dans une note succincte la vie et les œuvres des personnages de nos vitraux, mais pour ces visiteurs qui n'ont pas eu le loisir des longues études et dont l'indifférence devant une galerie de nos saints, vient souvent de ce qu'ils ne savent pas.

monde ». Il baptise Notre Sauveur, d'où lui vient son nom de Jean-Baptiste.

Avec la liberté et la vertu d'Elie, il pénètre à la cour d'Hérode, lui reproche son adultère. Décapité dans sa prison, il nous apparaît avec ses titres de Précurseur, de Baptiste, de Vierge, de Prophète, de Martyr.

On comprend alors que l'Eglise, dans l'hymne qui exalte cet homme incomparable, ose dire : « *Trente fleurons ornent la couronne de quelques élus ; quelques-uns ceignent une double couronne, mais cent fleurons ornent votre triple couronne, ô le plus grand des prophètes !* » Et c'est avec un tressaillement de joie que nous écoutons cette louange du Maître : « *Parmi ceux qui sont nés d'une femme, il ne s'en est point levé de plus grand que Jean-Baptiste* ».

Il ne nous arrive pas souvent de critiquer quelque partie de notre belle église : une fois ne sera donc pas coutume.

Saint Henri et Saint Louis.

La fenêtre suivante présente les images, en pied, de l'empereur saint Henri, et de notre saint Louis, roi de France.

Le dessin est sans vigueur, les couleurs ternes. L'empereur porte bien la couronne aux fleurons d'or, mais l'épée, sur laquelle il s'appuie en une attitude affaissée, paraît une arme trop lourde à ses mains

débiles. Les traits, trop accentués en leur teinte vive
de la brique rouge, rappellent plutôt la race des
Hèves.

Saint Louis, armé de pied en cap, porte le sceptre :
il a plus de relief, grâce à son grand manteau de four-
rures, parsemé de fleurs de lys. Pourquoi faut-il que
l'artiste, trop occupé du jeu de la lumière et des
ombres ait, ici encore, exagéré son effet ? Aussi bien la
figure émaciée paraît-elle noire : on pourrait même
croire que les cheveux plaqués sur le visage, ont pénétré les joues. D'ailleurs, le justicier de Vincennes reste
trop voisin de l'empereur, et l'on passe avec une mau-
vaise impression.

Ce vitrail est un don de la famille Margerand, dont
un fils s'appelait Henri et une fille Louise, devenue
Mme Frappet.

Saint Henri, né en 972 et mort en 1024, fut le dernier empereur de la maison de Saxe. Successeur de
son cousin l'empereur Othon en 1002, il régnait déjà
sur la Bavière depuis 995. On dit qu'il défendit mal
ses prérogatives contre ses grands vassaux, mais, au
dehors, sa puissance eût plus d'éclat. Après avoir
réuni la Bohême à l'Empire, il érigea en royaumes la
Pologne et la Hongrie devenues chrétiennes (1008).
Plus zélé cependant pour s'assurer la couronne immor-
telle, il releva les églises détruites par les infidèles et
mérita plus d'une fois de voir un ange et les saints
Martyrs le protéger visiblement sur les champs de
bataille. Enfin, ce qui est un rare exemple, il garda la
plus parfaite chasteté dans l'état du mariage : sur le

point de mourir, il rendit vierge à ses parents son épouse, sainte Cunégonde. Son corps fut inhumé à Bamberg, dans l'église des saints apôtres Pierre et Paul, et Dieu honora bientôt son serviteur par une multitude de miracles.

La vie de notre saint Louis, né à Poissy, en 1215, mort en 1270, pendant la huitième croisade, est trop connue pour en faire même un résumé. Disons seulement que sa piété et sa foi ne l'empêchèrent point de mettre en pleine déroute les Anglais à Taillebourg et à Saintes. Intrépide à la Massourah, même après sa défaite, il étonne les Musulmans, et sa grandeur d'âme leur arrache ce cri d'admiration : « *Quel fier chrétien !* »

Nous aimons à nous le représenter simple et bon, au pied du chêne de Vincennes, rendant la justice à ses enfants plutôt qu'à ses sujets. Il est bien vraiment le Français, le Père, le Chrétien que nous devrions tous et toujours imiter. Ajoutons, puisque nous parlons ici d'Eglise, que nous devons à saint Louis un des plus beaux joyaux du riche écrin de la France, car c'est lui qui fit construire la Sainte-Chapelle de Paris, pour y déposer de nombreuses reliques, et spécialement la très sainte couronne d'épines de N.-S. Jésus-Christ.

SAINT MATHIEU ET SAINT MARC

La fenêtre suivante nous offre deux figures vivantes et bien caractérisées : saint Mathieu et saint Marc. Elles présentent le type Juif accentué : nez aquilin, cheveux retombant en vrilles sur les épaules. Le regard est d'une profonde acuité. La barbe de saint Marc, longue et très fournie, grâce à la distribution de la lumière, paraît translucide, d'un blanc éclatant, aux étranges reflets. La tunique de saint Mathieu est violette : son manteau, de peluche à teinte ambrée relevée de petits points noirs, est ornée d'une bordure rouge-orange autour du col. La tunique de saint Marc, d'un vert d'émeraude, retombe entièrement sur les pieds. Son manteau, de velours, offre le plus beau rouge grenat que l'on puisse imaginer. Les plis de tous ces vêtements sont admirablement jetés.

Le dessin de cette verrière est très pur et ses lignes bien accusées, mais son charme réside surtout en l'incomparable vivacité du coloris. Nous sommes loin assurément des demi-teintes du jour, que semble préférer la mode et qui permettent, si l'on veut, de mieux éclairer nos églises, mais c'est une raison de plus d'admirer la richesse des vêtements de nos deux évangélistes.

Au chapitre 1er d'Ezéchiel, on lit que le prophète eût une vision incomparablement belle. La Majesté divine, entourée de feux, lui apparut, avec l'arc-en-ciel pour couronne et reposant sur les ailes de *chérubs* ou animaux sacrés, ayant les traits d'un ange, d'un lion, d'un taureau et d'un aigle, se touchant tous de leurs ailes éployées.

La découverte des taureaux ailés, précisément nommés *chérubs*, qu'on voit au musée d'Assyrie du Louvre, nous aide à comprendre un peu mieux la sublimité de la manifestation divine dont fut témoin Ezéchiel.

Mais depuis longtemps, tous les commentateurs des Ecritures, et surtout saint Jérôme, avaient reconnu dans ces figures d'animaux les signes particuliers qui conviennent aux évangélistes. C'est ainsi qu'au-dessous de saint Mathieu, un ange aux ailes d'or apparaît, tenant le livre qui commence par la génération humaine de N. S. Jésus-Christ. Sous saint Marc, est un lion ailé, car il débute dans son évangile par les rugissements du lion de Juda, c'est-à-dire par la prédication de saint Jean-Baptiste, prêchant aux Juifs un baptême de pénitence. Les figures d'ange et de lion caractérisent donc saint Mathieu et saint Marc, comme le taureau et l'aigle désignent saint Luc et saint Jean.

Quelle humble et admirable vie que celle de saint Mathieu, appelé à l'apostolat ! Avant sa vocation, il s'asseyait à son bureau de publicain, où collecteur des impôts, et, comme ses collègues, prêtait sans doute à un taux usuraire. Or, tandis que les autres évangélistes lui donnent par respect le nom de Lévi, afin de ne pas souligner les années répréhensibles de sa vie, il raconte lui-même, avec l'oubli complet de sa nouvelle dignité, comment Notre-Seigneur l'appela, lui, Mathieu, lui, le publicain !!! Avant la dispersion des apôtres, il écrit en hébreu son évangile, destiné à l'instruction des Juifs convertis : il est ainsi le premier historien du Christ. Pénétrant ensuite en Ethiopie, il y confirme ses prédications par ses miracles ; il ressuscite la fille du roi, convertit son épouse à la foi. Il enseigne la beauté de la virginité chrétienne, et il est mis à mort, pendant qu'il célébrait les saints Mystères. Qu'il est grand, cet apôtre, donnant à son maître le témoignage de son sang ! Son corps fut transporté plus tard à Salerne, où une multitude de pélerins l'honorent de leur piété.

Saint Marc, disciple de saint Pierre, fut aussi son interprète. A la prière des fidèles de Rome et, s'appuyant sur les enseignements de son Maître, il écrivit son court évangile, que saint Pierre approuva et qu'il fit lire dans toute l'Eglise. En possession de ce même livre, saint Marc se rendit en Egypte et, le premier, fit connaître Notre-Seigneur à Alexandrie. Telles furent la science et la dignité de vie avec lesquelles il fonda son Eglise, qu'il forçait tous les chrétiens à suivre ses exemples.

Saint Luc avait raconté que les fidèles de Jérusalem mettaient tout en commun : Philon, le plus instruit des Juifs, affirme la même chose de ceux d'Alexandrie.

Saint Marc mourut la huitième année du règne de Néron : il fut enseveli à Alexandrie et eut pour successeur Anianus (1).

SAINT CLAUDE ET SAINT BENOÎT

Les deux personnages de la fenêtre suivante sont saint Claude et saint Benoît.

______

(1) Cette verrière provient des vitraux du chœur de l'ancienne église, comme d'ailleurs la verrière de saint Luc et de saint Jean, qui lui fait vis-à-vis, du côté de l'épître.

Le premier, orné de la mître, tient d'une main gantée de violet une petite croix : de l'autre, sa crosse, dont la volute retournée en arrière indique que, dans notre église, il n'avait pas de juridiction. Le dessin est bon, bien que la multiplicité des ornements nuise quelque peu à l'ensemble. Sur l'aube blanche, brille la chasuble d'or, alors qu'apparaissent aussi les tunique et dalmatique des ordinations : sur la poitrine le pallium rouge, parsemé de croix blanches. C'est vraiment trop de couleurs.

La bure noire de saint Benoît est autrement simple elle n'en tombe pas moins avec aisance. Le saint est armé de sa crosse abbatiale, la volute en avant, et pour cause. De la main gauche, il tient le livre de ses Constitutions, surmonté d'un calice ou d'une coupe : à son côté, le traditionnel corbeau. L'ensemble de ce vitrail est d'un excellent effet.

Pour la paroisse, l'intérêt tout spécial qu'offrent ces deux personnages est encore d'autre sorte. Le saint Claude reproduit les traits de M. Margerand, qui fut maire de Jassans, membre du Conseil général de l'Ain, bâtonnier du barreau de Lyon, chevalier de la Légion d'honneur ; les favoris détonnent bien un peu pour un visage d'évêque et de saint ! à dire vrai, la figure est sûrement celle d'un digne magistrat, très honoré et méritant beaucoup de l'être. De même, le chef de saint Benoît n'est pas autre que celui de M. Poncet, dont le peintre verrier, à qui l'on avait confié une photographie fort ressemblante, réussit à reproduire les traits avec une étonnante perfection.

A cette vue, le premier sentiment de M. Poncet fut un mécontentement fort vif : déjà, jugeant inconvenant de s'afficher ainsi dans son église sous l'habit d'un grand fondateur d'Ordre, il levait sa canne pour briser le vitrail, quand, remarquant qu'il avait pour voisin, M. Margerand, vêtu en évêque, il se calma. Heureusement ! ajouterons-nous, puisque nous pouvons, sans inconvénient aujourd'hui, jouir de ses traits où est si bien exprimée sa finesse, que tempère d'ailleurs, sur le verre, un aimable et demi-sourire. Une autre raison désarma sans doute aussi M. Poncet en touchant son cœur, c'est que les deux vitraux étaient payés par les cotisations de tous les ouvriers qui avaient travaillé à la construction de l'église.

Saint Claude naquit à Salins, dans la Bourgogne orientale. Attaché à l'église de Besançon et choisi, à la mort de l'évêque Gervais, pour lui succéder, il se cacha quelque temps, voulant échapper à cette charge redoutable. Il dut cependant se soumettre à la volonté de Dieu clairement manifestée et, pendant sept ans, il remplit ses fonctions dans la plénitude de la sainteté. Abdiquant alors sa dignité, il vint au monastère de Saint-Oyend (1), se soumettre à la dure discipline du cloître. Elu malgré lui pour remplacer l'abbé Injuriosus, il donna pendant une longue série d'années

---

(1) Dans le diocèse de Lyon, saint Oyend est honoré sous le nom de Saint-Héand. Les petits Bollandistes écrivent Oyand (Cf. Saint-Haon-le-Châtel offre une autre variante). Les habitants du Jura prononcent et écrivent Oyen ; le *d* est étymologique (Cf. Eugendus).

des marques de sa haute piété et des plus belles vertus.
Enseveli dans l'église de saint Oyend, où son tombeau
fut glorifié par de nombreux miracles, son corps fut
transféré, au XIIIe siècle, par Humbert de Buenc et
déposé, exempt de toute corruption, dans une châsse
d'argent. Ce ne fut qu'à la fin du XVIIIe siècle, pendant
la tourmente révolutionnaire, qu'il fut livré aux flam-
mes, mais l'année suivante, au jour anniversaire, la
ville était réduite en cendres, sauf une maison où l'on
avait eu le bonheur de conserver un bras de saint
Claude échappé à la fureur des impies.

La ville de Saint-Claude s'était d'abord appelé
Comdat, c'est-à-dire « le confluent » ; en fait, le lieu où
se réunissent le Taccon et la Bienne. Puis le monastère, fondé par les deux frères saint Romain et saint
Lupicin, donna une fleur exquise, saint Eugendus ou
saint Oyend, dont le nom remplaça celui de Comdat.
A son tour, la gloire de saint Claude devait éclipser
celle de saint Oyend. Pendant de longs siècles, l'Eu-
rope vint au tombeau du thaumaturge : l'on se rendit
à Saint-Claude, et c'est encore le nom de la ville
actuelle. Placée aux pieds de rochers nus et désolés,
elle est au centre d'une nature tourmentée et sauvage.
Elle est en même temps le siège d'une intense activité
industrielle. Puissent ses bons ouvriers se souvenir
qu'il est un travail meilleur, nécessaire à effectuer :
qui consiste à polir son âme et à l'orner des vertus de
saint Claude.

« *Si vous voulez être parfait,* disait notre divin Sauveur à un jeune homme, *vendez tout ce que vous avez,*

donnez en le prix aux pauvres. Vous aurez un trésor dans le Ciel, et venez, suivez-moi. » (Saint Luc, 18, c. 22).

Celui à qui Notre-Seigneur parlait de la sorte, s'en alla rempli de tristesse, car il était fort riche. D'autres ont écouté le divin conseil ; au premier rang, brille saint Benoît, qui n'est pas devenu seulement un vrai pauvre, mais un grand religieux, qui portera dans l'histoire de l'Eglise le beau nom de Patriarche des Moines d'Occident.

Né en 480, à Nursia, en Ombrie, d'une famille noble et chrétienne, il mourut en 543. Il étudia d'abord à Rome, où, dès l'âge de dix-sept ans, le spectacle de la corruption païenne lui inspira le dégoût du monde. Il se retira dans la solitude de Sublaqueum, — aujourd'hui Subiaco, — à 40 milles de Rome. Trois ans, il y resta inconnu, mais la réputation de ses vertus attira bientôt autour de lui de nombreux disciples. La sévérité de sa règle ayant excité la fureur de quelques uns d'entre eux, ils essayèrent de le faire mourir en lui offrant un breuvage empoisonné, mais le saint bénit la coupe qui lui était offerte, elle tomba brisée à l'instant.

C'est ce vase qui est représenté sans doute dans notre vitrail, posé sur le livre des Constitutions bénédictines. Le saint dut céder à la tempête, mais d'autres disciples lui vinrent, de jour en jour plus nombreux. Il finit en 529, par fonder au Mont-Cassin l'ordre célèbre appelé de son nom latin *Benedictus,* l'ordre des Bénédictins. Totila vint l'y visiter et ne s'offensa point des reproches qu'il lui adressa au sujet de son arianisme et de ses désordres.

Saint Benoît prédit le jour de sa mort, fit ouvrir à l'avance son tombeau et, les yeux élevés au ciel, après avoir reçu la sainte Eucharistie, il rendit son âme à Dieu. Deux de ses disciples le virent s'élever revêtu d'un manteau splendide et entendirent, au-dessus de sa tête, la voix d'un homme à l'aspect très grave qui disait : « *Voilà le chemin par lequel Benoît, l'ami de Dieu, s'est élevé jusqu'au Ciel.* »

Nef de l'Epître.

Le V. Curé d'Ars et Sainte Philomène

Dans la seconde nef collatérale, on remarque d'abord le vitrail de la chapelle du confessionnal. Il nous peint le vénérable curé d'Ars, malade sur son lit : sainte Philomène lui apparaît et lui annonce sa guérison. Plus heureux de contempler une amie de Dieu que d'être délivré de ses souffrances, le saint curé exprime en son visage l'étonnement et la joie. La sainte est une toute petite jeune fille : le vénérable ne l'appelait-il pas, au reste, *sa petite sainte*?

Puissions-nous bientôt rendre à ce grand serviteur de Dieu un culte public ! Il n'oublierait pas d'étendre sa protection sur Jassans, où il venait autrefois visiter son confesseur, M. Beau, auquel, en témoignage de sa longue affection, il laissait un calice qui est pour nous aujourd'hui une relique et un double souvenir.

Le confessionnal, en chêne, n'offre rien de remarquable, quoique bien menuisé. Il est surmonté d'un grand Christ en croix, image bénie de Celui qui efface les péchés du monde. Des clous conjugués, en croix

"

de S'-André, lui font une ornementation très sobre.
La petite chapelle, comme celle des fonts du Baptême,
est fermée par une grille en fer forgé, dont le travail
soigné en fait presque une œuvre d'art.

Saint Charles Borromée et Saint François de Sales

Faisant vis-à-vis à saint Henri et à saint Louis, le premier vitrail du côté de l'Epître présente saint Charles
Borromée, archevêque de Milan, cardinal de l'Eglise
romaine, et le grand docteur saint François de Sales,
évêque et prince de Genève, qui fut le pasteur d'une
partie du diocèse de Belley, comprenant le pays de
Gex, la Michaille, le Valromey et même Hauteville.

Les personnages ressortent vivement sur un ciel
bleu, transparent ; ils paraissent vivre dans la
lumière : le dessin est ferme et les draperies heureusement disposées. Pourtant, le peintre a vraiment eu
raison d'indiquer, sous chacun d'eux, le nom de nos
saints, car il n'a observé aucune caractéristique.

Le portrait de saintFrançois de Sales est pourtant
bien connu (1) : la barbe est plus longue et plus gri-
sonnante ; de plus, le saint était atteint de strabisme,
ce qui n'enlevait rien à la douceur de son regard et à
sa suave dignité.

---

(1) Qu'on se rappelle surtout le portrait dû au talent de Philippe de Champaigne.

Saint Charles est un évêque quelconque : mître en tête et soutane violette. L'artiste avait-il donc oublié que le saint était cardinal et que, depuis un certain temps, la robe rouge était l'insigne de cette dignité ? Le saint porte en outre un rabat, peut-être noir, peut-être bleuâtre ; seulement, le rabat, — d'origine toute moderne, même en France, — n'existe pas en Italie. Ce n'était encore, au temps de saint François de Sales, ou même de saint Vincent de Paul, que le col de la chemise rabattu sur le vêtement : C'est donc un ana-chronisme complet.

Ce vitrail, comme celui de saint Henri et de saint Louis, est un don de la famille Margerand, de Mlle Caroline, devenue plus tard Mme Ayet.

« *La vieillesse vénérable n'est pas celle qui compte beaucoup d'années, la vraie vieillesse est une vie sans tache. Celui qui plaît à Dieu est devenu son ami, et vivant au milieu des pêcheurs, il a été transféré à une vie meilleure. Arrivé en peu de temps à la perfection, il a rempli une longue suite d'années.* » A qui peut-on mieux appliquer ces paroles du Sage qu'à saint Charles Borromée ?

Né en 1538, au château d'Arona, d'une illustre famille de Lombardie, il se destina, dès l'âge le plus tendre, à l'état ecclésiastique. Le pape Pie IV, son oncle, le fit à 23 ans cardinal et archevêque de Milan et, le retenant auprès de sa personne, lui laissa une grande part dans l'administration de l'Eglise. La rare intelligence du jeune archevêque, ses admirables vertus surtout, le rendaient dignes d'une telle confiance.

Le Concile de Trente était convoqué depuis plusieurs années pour réformer la discipline, combattre les doctrines du protestantisme : ajourné, transféré de ville en ville, il n'avait pas obtenu le succès que méritaient ses travaux.

Le jeune prélat l'anima de sa piété et de son zèle : c'est sous sa direction que fut rédigé le célèbre Catéchisme dit du Concile de Trente, ou Catéchisme Romain,... *ad parochos.* En 1565, St-Charles quitta la cour de Rome pour aller résider dans son diocèse ; ses discours, l'exemple de ses vertus, son caractère énergique opérèrent, dans le clergé et dans les communautés religieuses, une salutaire réforme. Il fonda des séminaires, des hôpitaux, des écoles, et donna à chaque établissement des statuts précis.

Pendant la peste qui ravagea Milan (1576), il se dévoua avec l'abnégation la plus absolue et une charité vraiment héroïque au service des malades et des mourants. Il vendit jusqu'au mobilier de son palais pour secourir les pauvres. Tant de travaux, joints à d'excessives austérités, abrégèrent sa vie. Il mourut à l'âge de 46 ans, le 4 novembre 1584, jour qui, par sa canonisation, est devenu celui de sa fête. La gloire humaine s'est ajoutée à celle plus pure de la sainteté. Une statue colossale de cuivre, haute de 21 mèt. 50, lui a été élevée à Arona, en 1697.

Le saint moderne, aimé, vénéré, — qui fut l'oracle de la Savoie et des contrées voisines, comme il l'est aujourd'hui de l'Eglise universelle, puisqu'il est un de ses docteurs,— demanderait une longue notice, et, s'il était possible de lui emprunter son délicieux et naïf langage, elle ne saurait lasser l'attention du lecteur, tant cette vie fut courageuse et active, ardente et intérieure, réunissant les deux offices de Marthe et de Marie (1), sous le bon plaisir de Dieu.

Né en 1567, dans la petite ville de Sales, de parents pieux et de noble race, dès ses premières années, saint Francois donna, par l'innocence et la gravité de ses mœurs, des preuves de sainteté. Après d'excellentes études littéraires, il suivit les cours de philosophie et de théologie à l'Université de Paris, puis conquit à Padoue la double couronne de docteur en l'un et l'autre droit. Il renouvela alors dans la sainte maison de Lorette le vœu de perpétuelle virginité, qu'il avait fait une première fois à Paris. Renonçant à la charge très recherchée de membre du Sénat de Savoie, il devint homme d'église.

Initié au sacerdoce, fait prévôt de l'église de Genève, il en remplit les diverses obligations avec tant de fruits que son évêque Granier, — résidant à Annecy, comme ses prédécesseurs, depuis la prétendue réforme qui avait chassé le prince-évêque de son siège, — lui confia la mission de réfuter les erreurs de Calvin dans la province du Chablais et les autres territoires environnant Genève et qui étaient infestés par l'hérésie.

Le saint entreprit cette œuvre avec le plus grand courage, malgré les nombreux obstacles qu'il eut à

---

(1) Saint Luc, c. 10, v. 42. Cf. Sainte Marthe est l'image de la vie active, sainte Marie-Madeleine, celle de la vie contemplative.

surmonter. Les hérétiques attentèrent souvent à sa vie : il fut en butte aux calomnies, à diverses embûches. Mais toutes ces luttes trouvèrent sa constance inébranlable ; aussi, avec l'aide de Dieu, il convertit 72.000 hérétiques parmi lesquels des hommes remarquables par leur noblesse ou leur science.

A la mort de Granier, qui l'avait choisi pour coadjuteur, il fut sacré évêque et fit briller de toutes parts les rayons de sa sainteté par son zèle pour la discipline ecclésiastique, par son empressement à réconcilier les ennemis, par sa miséricorde envers les pauvres, par la réunion de toutes les vertus. N'ayant que l'ambition de devenir un saint, il refusa au roi Henri IV d'accepter le siège de Paris, préférant à tous les honneurs sa pauvre église de Genvèe. Il fonda un nouvel ordre de religieuses, la Visitation de la B. Vierge, d'après la règle de saint Augustin, à laquelle il ajouta quelques constitutions, chef-d'œuvre de sagesse, de discrétion et de suavité.

Ses écrits respirent une doctrine céleste, qui nous indique un chemin sûr et facile pour atteindre à la perfection chrétienne. Citons entre autres l'« *Introduction à la Vie Dévote* », et surtout son Traité de « *L'Amour de Dieu* », où il fait un si heureux commentaire du *Cantique des Cantiques*. Après avoir accompagné quelques princes de la maison de Savoie, revenant de France à Annecy, il célébra les saints Mystères à Lyon, puis fut saisi d'une grave maladie, dont il mourut le lendemain, à l'âge de 55 ans (1622).

Alexandre VII l'avait inscrit au nombre des saints,

et à son tour Pie IX le déclara docteur de l'Eglise universelle.

Saint Luc et Saint Jean

Tout à côté, nous retrouvons les deux autres Evangélistes, saint Jean et saint Luc. Saint Jean est le disciple que Jésus aimait : il est représenté avec toute la grâce de la jeunesse ; ses cheveux sont soigneusement arrangés ; une chape blanche, par son ampleur et ses plis, indique la plénitude de sa charité. Au-dessous, l'aigle, symbole, par la sublimité de son vol, du génie de saint Jean, qui a élevé ses regards jusqu'à la divinité. Il tient le livre où l'on peut lire : « *In principio erat Verbum...* » Tel est, en effet, le début du 4ᵐᵉ Evangile, comme s'exprime certaine école aventureuse du jour. Les impies voudraient bien détruire l'autorité de ce 4ᵐᵉ Evangile et de son auteur, l'apôtre vierge, évangéliste et martyr, afin de mieux saper par la base la divinité de N. S. Jésus-Christ. Efforts impuissants : le commencement de l'évangile de saint Jean retentira dans le ciel même, pendant l'éternité.

Le vêtement de saint Luc, — peintre et médecin, — pourrait être pris pour le manteau du philosophe. Sa tête, tournée de côté, paraît inquiète. Nos deux personnages, comme saint Mathieu et saint Marc, sont vivants. Seul, le coloris laisse ici à désirer : rien qui flatte le regard : le manteau de saint Luc est de couleur brunâtre, la chape de saint Jean, qui devrait être un

très beau satin, est presque terne comme une étoffe
de coton. Nous inclinons à croire que ces verrières,
exposées en plein midi aux intenses chaleurs de l'été,
ont subi une désagrégation de couleurs, qui pourrait
s'accentuer encore. Elles sont, d'ailleurs, plus anciennes
que leurs voisines, puisqu'elles ornaient l'ancien sanctuaire : conservées à cause de leur beauté, elles ratta-
chent ainsi la nouvelle Eglise à sa devancière.

Le dais, qui recouvre nos illustres Pères dans la foi,
repose sur deux colonnettes torses, en porphyre. Il
représente une église, mais toute orientale, aux cou-
poles multiples : pensée fort juste, puisque c'est de la
Judée, de la Syrie et de la Grèce que nous est venue
la divine lumière.

Les deux généalogies de N. Seigneur, — dressées
par saint Mathieu et par saint Luc, désignent saint
Jean l'évangéliste comme fils de Zébédée et de Salomé.
Or, cette dernière, — sœur de saint Jacques le Mineur,
de l'apôtre saint Jude, de saint Siméon, évêque de
Jérusalem, — descendait de Cléophas, ou Alphée,
frère de saint Joseph. Tous ces personnages sont
appelés, — pour cette raison, — les frères de Jésus-
Christ. La sainte Ecriture donne ce nom de frères aux
parents plus ou moins rapprochés, aux cousins et petits-
cousins. D'un autre côté, l'Evangile indique avec soin
que ces frères de N.-S. avaient pour père Cléophas,
dont l'épouse Marie est par là même appelée Marie de
Cléophas. Notre saint Jean et son frère, saint Jacques
le Majeur, sont appelés eux-mêmes fils de Zébédée et
de Salomé. Tout cela n'empêche pas les protestants

de soutenir que Notre-Seigneur avait des frères,
et que la Vierge bénie fut mère d'une nombreuse
famille. Sur ce point, comme sur beaucoup d'autres,
admirons la bonne foi et l'honnêteté de ces bons
hérétiques !

Notre-Seigneur aimait saint Jean à cause de sa virginité ; il lui permit, pendant la Cène, de reposer sur
son cœur et d'y puiser des pensées plus divines.
Quand tous les apôtres se dispersent, saint Jean
accompagne son maître sur le Calvaire et il mérite
que Jésus confie à sa vénération et à sa tendresse son
plus cher trésor « *Mon fils*, lui dit-il en désignant
Marie, *voilà votre mère !* »

Après l'Ascension, il se retira avec la Sainte Vierge
à Ephèse et devint l'inspecteur de toutes les églises
de la province d'Asie. Il subit, devant la Porte Latine,
un terrible martyre, et fut jeté dans une cuve d'huile
bouillante : il en sortit pourtant, dit saint Jérôme,
plus vigoureux. Contre Marcion et les Ebionites, il
établit la divinité de N.-S. Jésus-Christ, dans son
sublime Evangile. Un jour, un dimanche, pendant
son exil à Pathmos, Notre-Seigneur lui révèle la suite
des évènements, les injustices de Babylone, son ef-
froyable châtiment, puis le jugement dernier et la joie
des élus dans la Jérusalem céleste. Enfin, accablé de
vieillesse, il fait entendre un cri d'amour, digne de
son Maître et de lui-même. Comme il ne pouvait plus
marcher, il se faisait porter dans l'assemblée des
fidèles, sa mémoire ne lui permettait plus que de
réunir et de proférer ces mots : « *Mes petits enfants !*

aimez-vous les uns les autres ! » Comme les disciples et les autres frères, fatigués d'entendre toujours la même parole, lui disaient : « *Maître, pourquoi répétez-vous toujours la même chose ?* » Saint Jean formula cette sentence : « *C'est le précepte du Maître ; si vous l'accomplissez, c'est suffisant* ».

Saint Luc, médecin d'Antioche, connaissait parfaitement la langue grecque, comme ses écrits en font foi. Il fut le disciple de saint Paul et son compagnon fidèle dans tous ses voyages. Il écrivit son Evangile, plus tard le remarquable volume qui a pour titre « *Les Actes des Apôtres* », dont l'histoire se poursuit jusqu'à la deuxième année du séjour de saint Paul à Rome (4me année du règne de Néron). Saint Luc raconte tous ces évènements en témoin oculaire, tandis qu'il s'est appuyé le plus souvent, pour son Evangile, sur les enseignements de saint Paul, ne nous laissant pas, au reste, ignorer qu'il s'est renseigné auprès des autres apôtres, devenus les prédicateurs de la parole de N.-S. J.-C., et qui avaient tout vu dès le commencement.

Saint Luc vécut 84 ans : ses restes, transférés d'Achaïe, furent ensevelis avec ceux de saint André à Constantinople, la 20me année du règne de Constantin.

Sainte Anne et Sainte Suzanne

Le dernier vitrail fut donné par M. Latour et son épouse, née Marie Caillat : une de leurs parentes s'appelait sans doute Suzanne, car nous trouvons ici une sainte d'une grâce juvénile. Elle tient de la main gauche une tige de lys, et sa droite s'appuie sur une épée, instrument de son supplice. Une tunique en drap d'or, — que couvre un ample manteau violet, doublé de vert, — lui sert de vêtement. Les cheveux retombent sur ses épaules en blondes tresses. Ce n'est point la Suzanne sauvée de la mort par le jeune prophète Daniel, mais la Suzanne de Rome, dont on célèbre la fête le 11 août. Persévérant dans son dessein de garder la virginité, elle refusa, malgré des instances réitérées, d'épouser l'empereur Maximien. Elle fut décapitée par ordre du Tyran, le 11 août 295. La maison où elle était née fut changée par le pape saint Caïus, son oncle, en une église existant encore et devenue un titre cardinalice (1). On voit quelquefois sainte Suzanne avec une couronne à ses pieds, allusion à son refus d'épouser Maximien, collègue de l'empereur Dioclétien, pour le gouvernement de l'Occident.

A côté de sainte Suzanne, debout, se tient sainte Anne, mère de la B. V. Marie. Femme beaucoup plus âgée, elle a la tête presque entièrement recouverte d'un voile et porte une longue robe rouge et un manteau violet, doublé de vert, admirablement drapé. Elle présente de la main droite un livre ouvert, où sa main gauche désigne une lettre, tandis que sa bouche semble épeler une première syllabe. Devant elle, en

---

(1) Ce titre n'appartient-il pas à son Eminence Mgr le Cardinal Richard, archevêque de Paris ?

une robe d'opale bleuâtre, se soulève la Vierge bénie : trop petite encore, elle fait effort pour mieux voir : rien de charmant comme cette pose enfantine dans ce groupe bien aimé.

M^r et Mme Latour ont eu la bonne pensée d'opposer aux traits de saint Benoît, patron de M. Poncet, l'image de sainte Anne qui, pour être la patronne de Mme Latour, était aussi la patronne de Mme Poncet. L'époux et l'épouse, le père et la mère éprouvés sont en quelque sorte en face l'un de l'autre, sous le regard de leurs célestes protecteurs (1).

---

(1) La partie supérieure de tous les vitraux que nous venons d'examiner est remplie de rinceaux variés ; en leur milieu se jouent des anges aux ailes déployées. Les uns adorent, les mains jointes et le regard perdu vers le ciel ; d'autres tiennent des instruments de musique, des banderolles où sont écrits des cantiques. Ils chantent l'hymne éternel : Attitude, dessin, tout est pur et gracieux.

Les Chapelles Collatérales.

Gravissant deux degrés, nous pénétrons sur l'aire ou le pavé du chœur et, continuant notre revue des vitraux, nous admirons celui qui surmonte l'autel de la Sainte Vierge ; c'est la vision de l'Apocalypse.

La Vierge bénie et la vision de Saint Jean

Un grand signe apparut dans le ciel, dit saint Jean : c'était une femme, revêtue du soleil, ayant sur sa tête une couronne de douze étoiles et la lune sous ses pieds. Cette page de nos Saints Livres est admirablement interprétée. Marie est revêtue d'une robe rouge et d'un manteau à l'agrafe d'or, formant les plis les plus riches, avec son étoffe bleu de ciel, doublée de violet. Les étoiles rutilent dans le nimbe qui entoure la tête. De multiples rayons de lumière s'échappent de tout son corps. C'est la gloire et les grâces de son fils qui, par Marie, descendent jusqu'à nous.

La Vierge sainte repose son pied sur une demi-sphère, image de la lune, elle y écrase la tête du ser-

pent maudit. Au-dessous, des rinceaux sortent de la
gueule de deux chimères. C'est encore Marie foulant
aux pieds les folies et les vanités du monde. On ne se
lasse pas d'admirer ce beau vitrail, au coloris et au
dessin également dignes l'un de l'autre.

Au milieu de l'autel, sur un socle qu'on prendrait
pour un tabernacle, se dresse la statue de la Vierge :
couronne en tête, elle tient le sceptre de sa main
droite, de l'autre l'enfant Jésus. Plus grande que
nature, elle est belle, ne dépare pas la chapelle, mais
sa beauté s'efface absolument devant celle du superbe
vitrail.

L'autel, en pierre de Cruas polie, est une réduction
de celui du chœur. La table en est supportée par trois
colonnes élégantes. Des guirlandes en mosaïque l'em-
bellissent. Nous les retrouverons, identiques, dans la
chapelle de saint Paul.

L'Eglise a la forme d'une croix latine. Son transept
est donc terminé, du côté de l'Epître, par la chapelle
de la Sainte Vierge, rond-point peu profond, en comparaison de la longueur des nefs. La voûte est une
demi-calotte sphérique. Une croix d'or, que supporte
des rinceaux de diverses couleurs, indique une ouverture supérieure, semi-circulaire, d'où nous arrive une
lumière plus vive, plus blanche, qui nous montre
le ciel.

Autel, décoration, ouverture circulaire et croix, tout
est identique dans la chapelle du grand apôtre saint
Paul, à l'autre extrémité du transept. Le vitrail mérite
aussi notre attention.

Saint Paul

Saint Paul, revêtu d'une tunique longue en soie verte, porte en outre un magnifique manteau rouge doublé de violet : c'est le martyr, la mortification et le travail que représentent ces couleurs symboliques. Il s'appuie sur l'épée qui devait servir à le décapiter et présente, maintenu sur son genou, un livre bleu, renfermant ses magnifiques Épîtres. Ses yeux paraissent fermés : c'est l'état du voyant, qui regarde en dedans de lui-même, qui retrouve dans ses souvenirs les secrets du ciel qu'il n'est pas permis de révéler encore. Sa barbe, longue et fournie, lui donne une gravité imposante ; son pied foule une colonne à demi penchée d'un temple des idoles qu'il a si bien coopéré à détruire. Tout cela forme une page magistrale.

Le livre des Épîtres présente un aspect moderne, avec ses plats et ses feuillets, mais dans la statue, placée plus bas, nous retrouvons le volume des anciens, le papyrus roulé. De la sorte, le peintre et le sculpteur, pour ne pas se répéter, ont varié à l'envie la disposition des œuvres du saint Docteur.

Le dais, qui dans leurs vitraux respectifs recouvre la Vierge bénie et le grand Apôtre représente encore une église : cette fois, il est facile de reconnaître, dans le clocher et les quatre édicules qui l'entourent, le plan, vague sans doute, mais suffisamment indiqué de notre église de Jassans. La Sainte Vierge est bien sûrement dans sa demeure, puisqu'elle est tout à la fois la titulaire de l'église et la patronne de la paroisse.

Pourquoi cependant saint Paul occupe-t-il une telle place en face de la B. Vierge ? Pourquoi, parmi tous les saints dont on a parlé plus haut, a-t-il seul son autel ?

Primitivement, la paroisse de Jassans n'existait pas, mais Riottier était en possession de ce titre. Son église était la chapelle du château qui commandait la Saône. Elle était sous le vocable de saint Paul, en la fête de sa conversion. Lorsque chapelle et château tombèrent en ruines, la dévotion des habitants se manifesta par l'installation d'une chapelle dans l'église de Jassans. On y vint en foule le 25 janvier.

Une perversion de mots, confondant la « *conversion* » de saint Paul avec les « *convulsions* », ramène encore chaque année, à la même date, une multitude de pélerins. Leur piété et leur foi obtiennent souvent de la bonté divine la guérison de pauvres petits, souffrant des convulsions. C'est ainsi que notre Père du Ciel, qui considère le cœur et non les paroles, récompense par des grâces nombreuses les supplications des ses enfants.

Or, M. Poncet était trop respectueux des traditions, trop soucieux de compâtir aux peines de ses semblables, pour ne pas maintenir dans son monument et la chapelle et l'autel de saint Paul.

La Sacristie
et la Chapelle mortuaire.

Près de l'autel de la Sainte Vierge, terminant la nef collatérale de gauche, est la porte de la sacristie, gardée par des anges en cariatides, surmontée d'un gracieux fronton. Au-dessus, dans une niche, la statue de saint Benoît, patron de M. Poncet. Une rosace aux vives couleurs éclaire cette partie de l'édifice.

Une disposition tout à fait semblable règne près de la chapelle de saint Paul, mais la statue qui surmonte la porte est celle de saint Claude, patron du jeune Claudius Poncet. La porte, au lieu d'être en chêne comme celle de la sacristie, est une grille en fer que surmonte la croix : elle donne accès dans la chapelle mortuaire, où l'on voit, à gauche, les trois inscriptions indiquant les tombeaux de la famille.

La première, de Mme Poncet, est ainsi conçue :

HIC JACET
MARIA ANNA CAROLA PONCET
EGREGII VIRI CONJUX EGREGIA

E VIVIS EREPTA
ANNO Dⁱ 1865, V IDUS NOVEMBRIS
DILECTO MULTUM NATO, IN CUJUS
MEMORIAM
HOC TEMPLUM EFFECTUM
NUNC ADJUNCTA QUIESCIT
OPTIMAM UXOREM MARITUS
MATREM PAUPERES LUGENT

Voici la traduction :

CI-GIT
MARIE-ANNE-CHARLOTTE PONCET
ÉPOUSE DISTINGUÉE D'UN HOMME EXCEL-
LENT
ENLEVÉE AU MONDE DES VIVANTS
LE 5 DES IDES DE NOVEMBRE (9 NOV.) DE
L'AN DU SEIGNEUR 1865
A SON TRÈS CHER FILS, EN MÉMOIRE
DUQUEL
CE TEMPLE A ÉTÉ CONSTRUIT
MAINTENANT RÉUNIE, ELLE REPOSE !
SON MARI PLEURE UNE PARFAITE ÉPOUSE
ET LES PAUVRES, UNE MÈRE

Entre son père et sa mère, le fils a sa tombe, dont l'épigraphe est ainsi conçue :

HIC JACET
OPTIMUS ADOLESCENS, CLAUDIUS PONCET
ANNOS NATUS XVI, M. VI,

E VIVIS EREPTUS
AD CUJUS MEMORIAM PII PARENTES,
FUNERE PLURIMIS LACRYMIS HONESTATO,
HOC TEMPLUM A FONDAMENTIS EXSTRUC-
TUM
PROPRIIS SUMPTIBUS STATUERUNT
ANNO Dⁱ MDCCCLXV
PAX ILLI ET. GAUDIA CŒLESTIM.

CI-GIT
UN PARFAIT JEUNE HOMME, CLAUDIUS
PONCET,
A L'AGE DE 16 ANS ET 6 MOIS
ENLEVÉ A CE MONDE
POUR PROLONGER SA MÉMOIRE, SES PIEUX
PARENTS
L'AYANT LONGTEMPS PLEURÉ, HONORÈ-
RENT SES RESTES
EN FAISANT ÉLEVER A LEURS PROPRES
DÉPENS CE BEAU TEMPLE
ACHEVÉ L'AN DU SEIGNEUR MDCCCLXV
(1865).
QU'IL JOUISSE DE LA PAIX ET DES JOIES
DES ÉLUS !

Enfin, la troisième épitaphe est celle de M. Poncet :

HIC JACET
IN TUMULO QUEM SIBI EXSTRUXIT
BENEDICTUS PONCET
NATUS DIE 25 AUGUSTI ANNO 1806.

VIR INGENIO ET ARTE EGREGIUS,
FIDE AC PIETATE IN DEUM INSIGNIS
HOC TEMPLUM
QUOD DEO SUMPTUOSE ŒDIFICAVIT,
POSTQUAM VOTI MEMOR
OMNI EX PARTE MIRIFICE DECORAVIT,
ACRI MORBO FORTITER TOLERATO,
OBIIT DIE II FEBRUARII ANNO 1881,
A SUIS ET AB AMICIS JURE DEFLETUS
DIGNUS QUI HABEAT GRATIAM
APUD DEUM

ICI REPOSE
DANS LE TOMBEAU QU'IL S'EST FAIT
CONSTRUIRE
BENOIT PONCET
NÉ LE 25 AOUT 1806
HOMME REMARQUABLE PAR SES FACULTÉS
ET SES CONNAISSANCES,
PLUS ENCORE PAR SA FOI ET SA PIÉTÉ
ENVERS LE SEIGNEUR ;
APRÈS AVOIR, FIDÈLE A SA RÉSOLUTION,
MERVEILLEUSEMENT DÉCORÉ LE TEMPLE
QU'IL AVAIT CONSTRUIT SOMPTUEUSEMENT
A LA GLOIRE DE DIEU,
AYANT SUPPORTÉ COURAGEUSEMENT LES
DOULEURS D'UNE CRUELLE MALADIE (1)
IL MOURUT LE 11 FÉVRIER 1881,

---

(1) Un cancer d'estomac.

JUSTEMENT PLEURÉ PAR SES PROCHES ET SES AMIS
ET DIGNE DE TROUVER GRACE DEVANT DIEU (1)

Au-dessus des tombeaux plane l'ange de la mort. Un autel, avec pierre sacrée, permet de dire la messe pour ces chers défunts. L'unique vitrail de la chapelle représente une descente de croix. La Vierge, mère de douleurs, tient sur ses genoux le corps de son divin fils : son attitude est navrante ; une longue échelle appuyée contre la croix, des clous dans un bassin, une éponge, donnent à l'ensemble une note saisissante de réalisme, surtout dans un tel lieu. Mais la pensée de la mort, partout salutaire, est ici vraiment consolante, car si nous nous heurtons à des tombeaux, nous rêvons de résurection auprès de N.-S. Jésus-Christ, ce vainqueur de la mort.

Ajoutons que M. Poncet vint pendant 16 ans visiter le tombeau des siens : il y priait fréquemment. Il ouvrait même, pour l'aérer, le compartiment où il devait reposer un jour et dont il portait constamment la clef sur lui. Cette pensée si sérieuse ne lui enlevait nullement son calme, mais ranimait au contraire son espérance.

---

(1) Ces inscriptions sont dues au R. P. Jaffre, de la Cⁱᵉ de Jésus, confesseur et ami de M. Poncet.

Le Chœur.

____

Les stalles des chantres ne répondent pas à la richesse de l'édifice. Un couloir laisse pénétrer dans le chœur, spacieux, ce qui permet d'y faire les plus belles cérémonies. Il est élevé de deux degrés au-dessus du pavé de l'église et fermé, sur la grande nef, par des tables de communion, en Cruas polie, fort remarquables. Deux autres degrés permettent de monter à l'autel.

Quatre colonnes rondes, taillées sur le devant d'un bloc massif de Cruas, teinté de raies roses et jaunâtres, décorent le grand autel qui est fixe. Deux gradins, avec fleurons sculptés, relevés par des émaux, contiennent le tabernacle qui reproduit, sur une petite échelle, la porte d'entrée de l'église avec ses rinceaux, son fronton et ses ferrures : mais les clous de fer sont remplacés par des cabochons aux pierres variées. La porte est en cuivre doré.

La niche du Saint-Sacrement, contrairement aux règles liturgiques, fait un tout avec le tabernacle. Quatre gracieuses et frêles colonnettes, polies comme du marbre, supportent un toit imbriqué, monolithe, un peu lourd, mais d'un bel aspect, et dont nous avons entrevu une première ébauche aux quatre coins du clocher. Des guirlandes de mosaïque décorent le devant de l'autel, et lorsque, pendant les soirées d'avril ou de septembre, au soleil couchant, les portes sont ouvertes, des gerbes de lumière, venant s'y réfléchir, en font un foyer intense de feux variés, vraie couronne de gloire autour du Très Saint-Sacrement.

Une abside demi-circulaire termine le chœur : elle sert d'appui à des stalles, non sans mérite, pouvant contenir 20 à 30 personnes.

Lorsque princes et chevaliers, au moyen-âge, se rendaient aux offices, leurs pages plaçaient devant eux, sur de riches pupîtres, ces livres d'Heures, aux fermoirs d'argent, aux plats couverts de soie, d'ornements ciselés et de pierres précieuses ; pages merveilleuses, enluminées par les meilleurs artistes, dont on conserve pieusement quelques spécimens. Témoin ce Missel du roi Charles VII, vendu aux enchères, il y a quelques années, et qui atteignait la somme de 97.000 francs.

Quelquefois, ces assistants aux offices de l'Eglise signaient leur nom d'une grosse croix, ou même se faisaient gloire de ne savoir pas lire. Mais l'image sacrée parlait à leur cœur, y déposait les germes de la foi, y excitait la crainte, le remords, le repentir, l'espérance et l'amour : l'enluminure, plus que le texte, captivait leur attention.

Aujourd'hui, sans doute, presque tout le monde sait lire. Il faut pourtant bien avouer que bon nombre d'assistants sont moins attentifs que nos vieux chevaliers. Ne portant pas de livres d'Heures à la messe, ils prient mal ou difficilement, et pourtant quel beau Missel s'étale sous leurs yeux dans l'église de Jassans. Le chœur a des enluminures dignes des meilleurs artistes, dans cette triple série des mystères du Rosaire, Joyeux, Douloureux et Glorieux.

C'est là un cours complet de religion : il comprend l'ensemble des fêtes qui ont célébré la venue sur la terre de Notre divin Rédempteur ; il fait reparaître sous nos yeux les scènes de sa Passion douloureuse ; il jette nos âmes dans le ravissement au souvenir de sa Résurrection et de son Ascension, qui sont pour nous un gage de la vie nouvelle et bienheureuse qui nous est réservée.

Examinons en détail chacun de ces médaillons : nous redirons la scène qu'il rappelle à notre souvenir, et l'art, le soin, avec lesquels le peintre l'a reproduite.

Dans le but d'exciter la piété des fidèles pour le culte du Cœur Sacré de N. S. J.-C., et pour honorer son père nourricier, saint Joseph, deux statues ont été placées contre les deux hauts piliers qui ferment le chœur, près du grand autel. Partout, le Sacré-Cœur a la place d'honneur, pour le moins un autel particulier. Nous croyons donc contraire aux règles liturgiques de mettre au même rang que N. Seigneur, un saint, fut-il aussi grand que saint Joseph. Ces deux statues, avec leurs consoles et leurs baldaquins, entourées de riches girandoles, sont conformes au style de l'église.

Elles ont été données par M. Blein, originaire de Jassans et architecte à Lyon, et par Mme veuve Delaunay, mère de M. Delaunay, ancien curé de Jassans.

Mystères Joyeux

I. La baie de droite (côté de l'Evangile) comprend les Mystères Joyeux. Le premier, en remontant de bas en haut, est celui de l'Annonciation. L'ange Gabriel, un des sept esprits qui sont toujours en la présence du Seigneur, a été envoyé demander à Marie son consentement, pour être la Mère du Verbe qui allait s'incarner : « *Je vous salue Marie, pleine de grâces, le Seigneur est avec vous*, dit l'ange. *Vous êtes bénie entre toutes les femmes* ». Jamais semblable salutation n'avait retenti et ne retentira jamais à aucune oreille humaine ! Porter ce nom si beau, ô Mère de Dieu, c'est votre privilège incommunicable ! Aussi avec quelle vénération, tenant le lys, symbole de la pureté, l'Ange est-il représenté fléchissant le genou devant la Vierge bénie ! Celle-ci est en prière dans sa cellule ! son attitude, inclinée de côté, est celle du trouble, de l'étonnement, mais d'un trouble plein de dignité.

Le coloris, dans ce médaillon, comme dans toutes ces belles verrières, est irréprochable. Le vermillon, le grenat, le bleu de ciel, alternent en des teintes d'une infinie douceur, d'une variété inépuisable, suivant que la lumière provient de la première aube, des premiers rayons ou des feux du soleil.

II. Le tableau suivant représente la Visitation. La Vierge bénie vient d'apprendre que sa cousine Elisabeth, jusque-là stérile, espère les honneurs de la maternité : aussi s'empresse-t-elle d'aller exercer près d'elle son exquise charité. Elle oublie, pour cela, sa dignité suréminente, pratiquant à l'avance la doctrine de son Fils : « *Celui qui voudra être le premier parmi vous, sera le serviteur des autres* ». Et c'est Elisabeth qui, prévenue par une révélation intérieure, s'écrie : « *D'où me vient cet honneur que la Mère de mon Dieu vienne me visiter ?* » Elisabeth apparaît sur le devant d'une maison rustique. La scène est d'une simplicité touchante.

III. Voici la vision de la fête de Noël, Notre'Seigneur est couché dans sa crèche, au milieu de la grotte de Bethléem. La place est restreinte, mais occupée toute entière. A droite et à gauche, Marie et Joseph adorent l'enfant divin : au fond, le bœuf et l'âne. Les anges forment guirlande autour de l'arc qui ferme l'entrée de la grotte. La scène est très animée par l'attitude des anges, mais, pour jouir de tous ces détails, il faut une vive et pleine lumière.

IV. Le mystère de la Présentation au temple et de la Purification de la B. V. est traité avec la plus grande sobriété. Le Grand-Prêtre, ou peut-être mieux le vieillard Siméon, élève entre ses mains le divin En-, fant. Marie et Joseph sont debout, recueillis. Deux colonnes d'un vert foncé ornent le fond du tableau, mais en réalité, par rapport au grand-prêtre, elles sont à l'entrée du temple. Désignées dans celui de Salomon, — comme dans les temples maçonniques de nos jours, — sous les noms de *Jakim* et de *Béaz*, elles signifient, suivant l'interprétation de M. de Sauley (1), la force et la création. Elles conviennent parfaitement en cette circonstance, au Verbe, le Créateur et le Dieu Fort, bien qu'il soit pour les chrétiens l'Emmanuel, le Dieu très bon, qui demeure avec nous.

V. Le médaillon supérieur nous montre Jésus âgé de 12 ans, enseignant au milieu des vieillards et des sages : leur étonnement est manifeste. Marie et Joseph, qui cherchaient dans l'angoisse le saint Enfant, arrivent, l'entendent et font éclater leur joie. Notre Seigneur est impassible, car il faut qu'il s'occupe alors des affaires de son Père.

Un autre peintre avait aussi représenté Jésus disputant avec les docteurs de la loi. Seulement son visage était d'abord couvert d'un masque de vieillard. Ces vieux scribes sont surpris d'entendre un homme qui connaît mieux qu'eux tous ensemble les Saintes Ecritures. Mais leur confusion est à son comble quand Jésus, jetant son masque, se montre avec la taille et les traits d'un enfant de douze ans. Sa science nous est bien, cette fois, un garant de sa divinité.

MYSTÈRES DOULOUREUX

I. Le premier des Mystères douloureux est l'agonie de N. Seigneur au Jardin des Oliviers. Nous voyons,

---

(1) Dans son volume sur « *L'Art Judaïque* ».

dans le bas de la fenètre médiane, Jésus-Christ accablé par la douleur, car, à la vue de nos péchés, sa
compréhension exacte de la justice de son Père l'épou-
vante. Deux fois il a demandé à ses apôtres de veiller
et de prier une heure avec lui, mais leurs yeux sont
appesantis par le sommeil. L'âme du Sauveur, accablée de dégoûts, est triste jusqu'à la mort : une sueur
de sang coule de tout son corps. Le calice, — c'est-à-
dire le sort qui lui est réservé, — est si amer, qu'il
prie son Père de l'éloigner de lui.

Notre médaillon représente précisément un ange
venant apporter à son Roi le calice d'amertume ; oh !
bien à regret ! l'ange détourne en pleurant sa face de
Notre bon Sauveur : il paraît navré. Jésus, à genoux,
est absolument abattu.

Ce médaillon est de toute beauté. Le vêtement de
l'ange est vraiment une étoffe céleste, dessinant mo-
destement son corps, d'une teinte uniforme, mais d'un
bleu pâle, chatoyant, qui n'est pas de la terre.

Un serpent se dresse entre Notre Seigneur et l'Ange :
sa queue forme deux anneaux sur lesquels il s'appuie,
sa tête porte une couronne d'or, qui s'élève à la hauteur de la main gauche de Jésus. Son attitude n'est
pas hostile, mais plutôt respectueuse. Ce n'est donc
point le serpent instrument du démon, dont la croix
du Sauveur va briser l'empire, mais cette bonne cou-
leuvre qu'on retrouve dans les traditions d'un grand
nombre de peuples, souvenir probable du serpent
d'airain élevé par Moïse au milieu du désert, dont la
vue seule guérissait les Juifs des plaies brûlantes que

faisaient à ces errants une multitude de serpents veni-
meux.

Mais le serpent d'airain est sûrement une figure de
Notre bon Sauveur, qu'il suffit de contempler attaché
à la Croix, pour être touché de componction, se repentir et touver ainsi le pardon de ses péchés avec la santé
de l'âme.

II. Le tableau de la Flagellation peint Jésus dé-
pouillé de sa tunique, une main attachée au bas de la
colonne et l'autre fixée au-dessus de sa tête, et livré
aux bourreaux qui frappent à tour de rôle.

III. Le troisième médaillon montre le Sauveur cou-
ronné d'épines, revêtu d'un manteau de pourpre, assis
sur un trône aux côtés duquel des soldats l'accablent
d'outrages. Le divin Maître est si grave, sa couronne,
qui semble une mitre enveloppant sa tête, doit être si
douloureuse, qu'on se jette à genoux pour l'adorer,
lui dire avec l'ardeur de la vraie piété qu'il est plus
digne de notre amour sur ce trône dérisoire que sur
son trône de gloire, parce qu'il nous a aimés le
premier, jusqu'à souffrir pour nous les crachats, les
moqueries et les violences d'une soldatesque effrénée.
Il se dégage de ce tableau une aiguë impression de
saisissement : le manteau rouge attire la pensée et
captive le cœur.

IV. Voici Notre-Seigneur portant sa croix : le
peintre a choisi le moment qui dut être le plus dou-

loureux pour notre saint Rédempteur. Jésus rencontre sa Mère ; la douleur de l'un se répercute dans le cœur de l'autre : la douleur les courbe en une pose accablée. Leurs vêtements sont rouges et violets.

C'est le martyre du corps et de l'âme pour N. Seigneur ; c'est aussi le martyre du cœur pour Marie. Cette scène saisissante en sa sobriété fait redire avec Notre-Seigneur et son Prophète : « *Vous qui passez, voyez et prononcez s'il est une douleur semblable à ma douleur* ».

V. Au sommet, le Christ en croix. Peu de personnages : le Crucifié, Marie, saint Jean.... mais c'est l'heure du sublime testament d'un Dieu qui confie sa mère à son fidèle disciple, qui recommande au zèle, à la tendresse maternelle de Marie les âmes de tous les chrétiens qui la vénéreront désormais comme la Mère de Dieu d'abord, mais aussi comme leur véritable mère.

MYSTÈRES GLORIEUX

La Résurrection, l'Ascension, la Pentecôte ou descente du Saint-Esprit sur les apôtres, l'Assomption de la B. V. Marie et son couronnement au ciel, telles sont les fêtes que nous rappellent les Cinq Mystères Glorieux.

I. La première scène nous représente Jésus-Christ sortant du tombeau, vainqueur de la mort et de l'enfer.

Des soldats qui le gardaient, les uns tombent inertes, comme s'ils étaient morts, les autres sont seulement renversés. Drapé dans un manteau d'hyacinthe pourpré, Jésus n'apparaît plus comme un homme vivant sur terre, mais comme l'Eternel Vivant, qui possède la plénitude de la vie. Il y a une opposition effrayante entre ces hommes terrassés, qui n'ont plus de mouvement, et le Ressuscité, dont le regard est fixé vers le Ciel. Quel enthousiasme dut exciter dans le cœur des apôtres la vue de leur Maître plein de vie, et paraissant au milieu d'eux !

II. Au jour de l'Ascension, Notre-Seigneur prit avec lui ses apôtres et ses disciples, et les conduisit sur la montagne des oliviers. Après leur avoir réitéré l'ordre d'aller instruire tous les peuples, de les baptiser au nom du Père, du Fils et du Saint-Esprit, il ajouta quels miracles feraient ceux qui croiraient en son nom, puis il s'éleva lentement en leur présence. Ils regardaient encore quand ils ne pouvaient déjà plus l'apercevoir.

Notre-Seigneur est ici représenté avec une taille au-dessus de la moyenne ; il touche encore la terre de l'extrémité de son pied ; par sa seule puissance, il s'élève : c'est le vainqueur qui va jouir de son triomphe. « *Elevamini, portæ œternales, et introibit rex gloriæ !..... Ouvrez-vous, portes éternelles, et le roi de gloire entrera !* » Puissions-nous suivre tous, tous sans exception, cet aimé vainqueur, notre Dieu et notre Frère !

III. Le jour de la première Pentecôte chrétienne, le Cénacle offrit à Jérusalem un imposant spectacle. Avec le bruit d'un vent impétueux, le Saint-Esprit ébranle l'édifice, des langues de feu se divisent et vont se reposer sur chacun des assistants.

Cette page du chapitre II des « *Actes des Apôtres* » est représentée d'une manière fort heureuse par notre peintre-verrier. Sur une estrade est étendue un tapis d'un vert foncé ; au milieu est un trône, occupé par la Vierge bénie, qui préside ; son aspect grave, d'une dignité parfaite, imprime le respect dans l'âme des assistants. Tous les regards sont fixés sur ses traits augustes. Elle est visiblement la Mère de Dieu, la Reine des Apôtres.

La réunion du Cénacle est ainsi le type de ces assemblées vingt fois renouvelées, dans lesquelles le même Esprit-Saint inspire les chefs de son Eglise, les remplit de sa lumière et donne au monde sa sublime direction intellectuelle et morale. Puissions-nous, grâce à la protection de la miséricordieuse Vierge, être toujours fidèles aux inspirations du Dieu qui illumine et sanctifie nos âmes.

IV. Que la Vierge est gracieusement belle et modeste dans le cadre suivant ! Comme Jésus ressuscité, comme elle-même, au magnifique vitrail de sa chapelle, elle est enfermée dans l'amande mystique aux brillantes couleurs. Deux anges saisissent les bords de cette amande et emportent Marie, qui plane déjà au-dessus des nuages.

V. Le dernier médaillon nous fait assister au Couronnement de la Très Sainte Vierge, à une trop grande distance, tout est confus, surtout à cause des rayons lumineux trop jaunes, qui s'échappent des personnages. De près, les détails s'accentuent. La couronne de N. Seigneur est ravissante, ornée de pierres précieuses, serties avec délicatesse : son attitude est bien celle du Dieu qui récompense, — mais combien respectueusement, — sa Mère ; Marie est une mère bien aimante, mais avec quelle modestie !

Ravissante composition, comme celle de tous ces Mystères d'ailleurs, théologiquement inspirée, exécutée avec un goût de véritable artiste !

Rien de tout cela n'est signé. Quelques renseignements, trop incomplets sans doute, mais bien précieux, fournis par M. Treive, permettent d'en faire honneur à l'architecte lui-même, M. Giniez (1).

Nous venons de résumer ces deux vies parfaites de Notre-Seigneur et de sa divine Mère, mélange de joies

---

(1) D'un talent indiscutable, M. Giniez était dessinateur chez un peintre-verrier de Paris, quand M. Poncet fit sa connaissance et l'attira à Lyon, pour tracer les plans et faire les dessins des nombreux hôtels à construire, rue Impériale. En 1862, il lui confia son projet pour Jassans. L'architecte se mit à l'œuvre, et l'on peut affirmer qu'il remplit admirablement l'espérance du fondateur.

M. Giniez était un chrétien instruit et pieux ; il dessina, avec un soin particulier et une vraie science religieuse, les vitraux du chœur.

et de souffrances qui aboutissent à la gloire du Ciel. Elles sont également le type des vies humaines, qui se succèdent innombrables.

Lorsqu'un enfant vient au monde, comme un rayon de soleil illuminant l'intérieur de la famille, pendant quelques années, il remplit le foyer de la plus douce joie. Hélas ! la souffrance ne tarde pas de frapper à la porte. Bientôt, ce sont soucis, accidents, maladies, séparations multiples, en attendant la définitive. C'est la mort et le deuil, c'est le sort de tous les mortels. Tout cela, cependant, supporté avec résignation, en union avec le divin Sauveur, dans la pensée d'expier nos fautes, de satisfaire à la suprême Justice, tout cela purifie l'âme et la rend agréable à Dieu. Au sortir de ce monde commencera pour nous la vie sans fin. Nous ressusciterons, nous irons au Ciel, nous verrons Dieu, et ce sera pour nous aussi la gloire.

Notre peintre-verrier n'a pas négligé ce rapprochement. Les Mystères Joyeux ont une bordure verte, et leurs médaillons quadrilobès reposent sur un fond bleu symbole de fête. Les Mystères Douloureux sont bordés de rouge, et fixés sur un fond également rouge. Mais le vert de l'espérance encadre et remplit la baie qui contient les Mystères Glorieux.

Il n'avait besoin que de faire appel à ses premières études. Il ne put voir exécuter ce travail si bien préparé. Mort en 1865, il fut remplacé par M. Genéty.

Peinture de l'Abside

Il nous reste à examiner la grande peinture qui décore la demi-calotte sphérique servant de voûte à l'abside.

Sur un fond d'or s'étend une bande d'or sur laquelle on lit ces paroles de Notre-Seigneur : « *Ego sum Via, Veritas et Vita.....Je suis la Voie, la Vérité et la Vie* ». Du doigt, le Sauveur debout montre cette sentence. Les personnages qui l'entourent forment deux groupes principaux. Celui de gauche comprend des hommes et des femmes de toutes conditions, surtout des ouvriers, des prisonniers, des pauvres et des esclaves, tous inspirant la sympathie. En arrière, est assis un Arabe qui paraît être un exilé. Plus près du Maître, mais isolé, un homme est profondément prosterné ; puis, une femme aux cheveux épars montre ses bras enchaînés. Tous paraissent souffrir et se plaindre.

Assurément, c'est pour eux que Jésus a dit : « *Je suis la voie, le chemin qui conduit au ciel* », ou encore : « *Celui qui me suit ne marche pas dans les ténèbres* ».

Au commencement des « *Actes des Apôtres* », saint Luc déclare qu'il a déjà raconté ce que Jésus commença à faire et à dire. Notre bon Maître, en effet, prêche d'abord par son exemple, et seulement après, il nous instruit, nous donne ses conseils, ou nous impose ses commandements.

Il peut donc résumer ainsi sa vie : « *A peine étais-je au monde que j'ai dû fuir sur une terre étrangère. J'ai vécu dans le travail depuis ma jeunesse. Je me suis livré jusqu'à l'âge de trente ans aux labeurs pénibles du charpentier. J'ai vécu d'aumônes pendant ma vie publique : les oiseaux du Ciel avaient leurs nids, les renards leurs tanières, et je n'avais pas où reposer ma tête. J'ai été trahi par un de mes disciples, auxquels j'avais montré pleine confiance. J'ai été enchaîné, traîné de tribunal en tribunal : j'ai été outragé, couvert de crachats, souffleté, flagellé, traité avec dérision. Malgré mes innombrables bienfaits, on m'a préféré un voleur, un meurtrier. J'ai été crucifié, déposé dans un tombeau d'emprunt. Et cependant personne ne pouvait me convaincre de péché. Et je l'ai dit, et je l'ai prouvé. Je suis le Fils de Dieu* ».

Or, Notre-Seigneur, s'adressant aux filles d'Israël qui pleuraient sur lui, tirait cette conclusion de tout ce que nous venons de résumer : « *Si la Justice de Dieu s'exerce ainsi sur un arbre vert, qui donne tant de fruits, que fera-t-elle donc d'un bois desséché qui ne produira jamais rien* ». Quel est donc le chrétien qui oserait se plaindre encore ? Suivons dès lors avec une entière résignation le bon Sauveur. Il est le chemin, la voie qui conduit à la vie.

Jésus-Christ ajoute : « *Je suis la Vérité !* ». Or, non seulement il le dit, mais il le prouve. Lorsque, avec son incomparable humilité, il a rappelé que s'il se glorifie lui-même, sa gloire n'est rien, le Père Tout-Puissant, avec lequel il ne fait qu'Un, intervient pour établir la légitimité de sa mission. « *Celui-ci*, dit-il sur les rives du Jourdain comme au sommet du Thabor, *est mon Fils bien aimé, en qui j'ai mis toutes mes complaisances... Ecoutez-le* ».

Notre Seigneur ne manque jamais de s'autoriser de la mission qu'il a reçue de son Père. Son enseignement dépasse sans doute de beaucoup l'enseignement humain. Mais quand Nicodème, un docteur en Israël pourtant, s'étonne du baptême, dont il n'a pu saisir la doctrine, Notre-Seigneur lui donne, de cette mystérieuse élévation de son enseignement, cette raison parfaite : « *Nous parlons de ce que nous savons, et nous rendons témoignage de ce que nous avons vu. Or, quand je vous parle des choses terrestres, vous ne croyez point ! Comment croiriez-vous, si je vous parlais des choses du ciel ? Personne n'est monté au ciel, si ce n'est Celui qui en est descendu, c'est-à-dire le Fils de l'homme qui est dans le Ciel* ».

D'ailleurs, si la doctrine de Jésus était accessible à l'intelligence de tout homme, elle ne serait qu'une doctrine humaine, nullement divine. Mais Notre-Seigneur donne une preuve irrécusable de sa mission et de la vérité de sa doctrine ; il multiplie ses miracles, change la substance des choses, guérit les malades, commande aux éléments, ressuscite les morts, et comme Dieu ne peut, sans manquer à sa sainteté et à sa véracité, investir un imposteur d'une telle puissance

Jésus conclut simplement en disant aux Juifs : « *Si vous ne croyez pas à mes paroles, croyez du moins à mes œuvres !* »

Croyons donc nous mêmes à Jésus-Christ ! Croyons à ses mystères, croyons à ses miracles, à sa morale sublime. Il est la vérité.

Se connaître soi-même, convenir que nous portons dans notre cœur le germe de passions qui peuvent nous entraîner au mal, et, en même temps, travailler à les dominer, à les diriger, devenir patient, juste, sincère, chaste : sacrifier son intérêt personnel à celui plus élevé de la Patrie, de l'Eglise et de Dieu : s'incliner avec amour vers les pauvres ; avec cela, rester humble et doux, voilà une œuvre capable d'attirer une âme généreuse ! Qui oserait contester que cette vie ne soit supérieure à celle de l'égoïste ? de l'esclave des passions mauvaises ou honteuses ? C'est précisément vers cette vie que Notre-Seigneur nous attire, et l'on peut dire que dès maintenant, cette vie qu'il nous infuse, — en particulier dans la Sainte-Eucharistie, — est une vie plus abondante.

Mais le Sauveur ressuscité nous est encore un gage de notre propre résurrection, et nous participerons aux qualités de son corps glorieux. Jésus est agile ; pour lui, plus d'espace. Il paraît sans interruption près du Calvaire (1), en Galilée, sur les montagnes de Judée, à Emmaüs, vers le lac de Tibériade. Il s'élance ensuite

---

(1) In horto, dans le jardin, apparition à sainte Marie-Madeleine (rappelée par le magnifique vitrail du chœur de Brou).

au ciel. Ainsi en sera-t-il des corps des saints ; jouissant d'une vie nouvelle, ils seront semblables au Christ !

Quelle joie surtout pour l'âme ! Voir Dieu face à face, puiser aux trésors de sa science, adorer sa bonté, sa clémence, sa justice, être parfait comme lui-même, avec la seule différence qui provient de l'infinie perfection de Dieu et de la perfection bornée de la créature : voilà le Ciel, la vie véritable que nous propose Notre-Seigneur.

***

Comment le peintre a-t-il traité ce sujet magnifique ? De grandes difficultés assurément l'attendaient. Quelle que soit la science des raccourcis, quand il faut peindre à une grande hauteur, sous une coupole, les maîtres disent : « *Il n'y a qu'un point indiqué par la perspective qui permette de garder de justes proportions. Considérés sous un autre angle, les objets grandissent ou diminuent et nuisent à l'ensemble par leur déformation* ».

Ainsi, vu du milieu du chœur ou de la nef, Notre-Seigneur, d'ailleurs isolé entre deux groupes, paraît d'une taille beaucoup trop élevée au-dessus des autres personnages. Les traits, le regard sont durs ; le bras, qui montre le ciel, plein de raideur.

Il y a pourtant un point, — vers la 1re stalle du côté de la sacristie, d'où la perspective est différente, le regard calme et bienveillant, la taille ramenée à d'heu-

reuses proportions. Est-ce bien cependant un regard
divin ? Nous nous garderions d'insinuer le contraire,
par respect pour les juges compétents, mais c'est une
œuvre difficile de représenter la majesté, la puissance,
la justice jointes à la grâce, à la bonté, à la douceur !
C'est le secret des peintres de génie; pendant
combien d'années, Léonard de Vinci lui-même,
attendant l'illumination, l'éclair, n'a-t-il pas remis
à un meilleur moment, de fixer, d'une manière
définitive, la figure de Jésus au milieu de sa splendide
Cène? L'œuvre de Jassans, plus hâtive, n'a pas permis à l'artiste de choisir son temps ; sans être mau-
vaise, ce n'est pas un chef-d'œuvre.

Les personnages, placés autour du Sauveur, bien
qu'ils paraissent trop grands, n'ont pas cependant la
même hauteur. Disposés un degré plus bas, leurs
têtes atteignent à peu près la première courbure de la
coupole. Ils se développent sur un plan simplement
circulaire, sans que leur attitude soit déformée.

Ceux de droite écoutent plutôt la parole du Maître :
« *Je suis la Vérité* ». Ce sont les docteurs de l'Eglise,
évêques ou confesseurs, portant entre leurs mains
leurs livres, leurs commentaires des Évangiles. Près
d'eux, quelques saintes femmes, de jeunes enfants.
Le coloris est assez vif, et le dessin est pur, quoique
les vêtements offrent quelque raideur. De plus, ils se
confondent, deux ou trois figures empiètent trop les
unes sur les autres.

Le groupe de gauche est bien préférable. Plus dis-
tincts, les personnages ont aussi les traits plus accen-

tués : un vieillard surtout, à la tête dénudée, aux épaules voûtées par la fatigue et par l'âge ; il fixe ses yeux sur le Sauveur, il va le suivre. Au reste, c'est à lui, à ses voisins, que Jésus semble dire : « *Je suis la Voie !* »

La promesse de la Vie Eternelle s'adresse plus particulièrement à deux spectateurs debout. L'un est une femme, vêtue d'une robe vert-pâle, appuyée contre un tombeau, autour duquel on voit quelques stipes de palmiers ; elle pleure et puis, tournée vers N. S. Jésus-Christ, essuie ses larmes.

L'autre est un homme aux traits fatigués, pleins de douleur : il paraît plutôt regarder vers le tombeau, à ses côtés. Il faut qu'un jeune homme, vêtu de blanc, d'un geste parfait, avec le calme et l'assurance que donne le bonheur, vienne lui dire de regarder plus haut.

Nous inclinons à croire que ce père inconsolable est M. Poncet ; son fils, sous sa blanche tunique, lui parle d'immortalité, et la femme, tournée d'elle-même vers le Sauveur, est la mère de ce bel adolescent, qu'elle peut apercevoir.

« *Il n'y aura plus dans le ciel,* nous dit saint Jean dans son « *Apocalypse* », *ni la mort, ni le deuil, ni les cris de douleur* ». Si donc tous les chrétiens rangés autour du Maître, ont gardé les stigmates de leurs souffrances, leurs mains chargées de chaînes et leurs corps affaissés, le peintre ne les a représentés ainsi que pour nous dire le chemin suivi, les moyens employés. Ils n'en vivent pas moins avec Dieu et l'auréole orne toutes leurs têtes de la gloire éternelle.

Bienfaiteurs et Coopérateurs de l'Eglise.

Nous avons dit la générosité de M. Poncet, l'habileté de l'architecte, qui d'abord avait conçu dans son intelligence, puis tracé, sur ses plans et dessins, sa belle construction. Nous avons dit aussi, au passage, les noms des donateurs des cloches, des statues, etc.

Rappelons encore à Jassans un nom qui lui est cher, celui de Madame veuve Grand, née Marie Portallet. C'est elle qui donna le beau vitrail que nous avons admiré dans la chapelle de la T. S. Vierge. Fort généreuse pour les pauvres, ayant pour le moins au même degré le zèle de la maison de Dieu, elle a laissé à Jassans deux autres souvenirs : un bel ostensoir en vermeil, œuvre du grand artiste lyonnais Armand Caillat, et l'horloge, construite par la maison Denis, de Villefranche. Madame Grand avait la réputation d'une femme d'un solide bons sens et d'un esprit très délié : elle y joignait une excessive sobriété. Elle mourut à Jassans en 1880, le 15 juin, et y fut ensevelie le 17.

La chaire à prêcher, — œuvre remarquable, sans abat-voix, sculptée et menuisée à Lyon dans les ateliers de M. Bernard, — a été payée par une souscription paroissiale, en tête de laquelle M. Razurel, ancien curé de Jassans, figure pour une somme assez ronde.

N'oublions pas les entrepreneurs et ouvriers qui furent chargés de la construction de l'église.

M. Beau nous en a laissé la liste, tout en faisant ressortir qu'il ne se produisit aucun accident pendant la durée des travaux.

L'excellent curé rendit grâce à Dieu d'abord de cette heureuse issue, et aussi aux prières, à la protection du Vénérable Curé d'Ars, son ami et son fils spirituel. Nous enregistrons avec bonheur cette parole de gratitude, aujourd'hui surtout que le Souverain Pontife Pie X vient de reconnaître l'authenticité des miracles qui établissent la sainteté du grand serviteur de Dieu, ce qui nous permettra, avant peu, de lui donner dans notre diocèse le titre de Bienheureux.

Le principal entrepreneur fut MICHEL MALTERRE, maître maçon, parent par alliance de M. Beau. HENRI ROSTAGNAT, qui exploitait moyennant une modique redevance la carrière de Cruas, était maître tailleur de pierres ; JOSEPH ECOCHARD, maître menuisier ; CONSTANT BEAU, fabricant d'ornements en fonte pour églises; ANTOINE GENÉTY, maître charpentier ; CLAUDE ROUX, maître serrurier ; FRANÇOIS CLOSE, maître sculpteur.

Tous traitaient de gré à gré avec M. Poncet, le travail une fois terminé, sans qu'il y eût jamais une contestation. Lorsque le maître Rostagnat présenta son mémoire, M. Poncet, l'ayant parcouru avec soin, lui

dit : « *Vous avez oublié la Table de communion !* » —
« *Non*, répond son interlocuteur, *mais veuillez l'accepter comme mon cadeau à votre belle église !* »

Telles étaient les relations d'un homme juste et
généreux avec ses entrepreneurs, auxquels il savait
inspirer des sentiments semblables aux siens.

Un dernier détail : les pierres du mur, les pierres
de taille des contreforts, comme les assises de l'église,
proviennent des carrières de Saint-Martin de Sénozan,
près Mâcon. Amenées en bateau par la Saône jusqu'à
Jassans, tous les charrois au pied de l'œuvre ont été
faits par les habitants.

Quant aux pierres de la façade, des fenêtres, des
portes, du clocher, comme aussi des colonnes et des
chapiteaux, elles furent tirées de la carrière de Cruas
(Ardèche). C'est une pierre de choin — comme on
désigne dans la région lyonnaise la pierre très dure ;
celle-ci, susceptible d'un beau poli, est aussi fort résis-
tante.

De tous côtés, les amateurs des vieux monuments
et des édifices remarquables, s'installent de nos jours,
avec un Kodak ou quelque meilleur appareil. Puis,
ils rentrent avec des masses de clichés, pour dévelop-
per leurs trésors et accroître leurs collections.

Nous leurs devons cette justice qu'ils n'ont point
dédaigné l'église de Jassans. Elle a été prise de face,
de côté, à l'intérieur. Chacun est venu lui demander

un tableau ; quelques-uns ses grandes portes, d'autres son tambour, ses orgues, les vitraux du chœur.

Il est pourtant une vue qui leur a échappé. C'est celle dont on jouit du milieu de la colline, située au levant de l'église et qui domine tout le chevet.

M. du Verne a eu l'heureuse pensée d'en faire une photographie. C'est une des plus jolies. Le monument apparaît dans tout le développement de sa croupe.

C'est le rond-point de l'abside et les bâtiments carrés adjacents de la sacristie et de la chapelle mortuaire : c'est la toiture découpée en croix latine, le clocher et le merveilleux horizon des collines du Beaujolais.

Au premier plan, la Saône, dont les rives sont rejointes encore par son vieux pont suspendu, avec sa pile unique, élevée, carrée, un peu lourde... Plus loin, Villefranche : puis d'innombrables villages, des villas, des châteaux, des clochers qui se fondent en une multitude de petits points blancs, peu à peu imperceptibles, et finissant par disparaître.

La Société des Ames ou l'Eglise triomphante.

Nous avons fait ressortir, autant que nos faibles forces le permettaient à notre bonne volonté, la beauté de notre église, qui lui vaut d'innombrables visites. Bien des connaisseurs l'appellent, « *un monument qui ne déparerait pas une ville.* » Comme conclusion de ce petit travail, rappelons qu'il est une église autrement belle, qui doit être notre demeure.

Cette pensée, évoquée par Monseigneur de Langalerie au jour de la consécration, nous est proposée par l'Eglise catholique elle-même, en la fête de l'anniversaire de la Dédicace de toutes les églises de France.

Dieu se prépare à lui-même un tabernacle, une église éternelle : il la veut construite en pierres vivantes, pierres de choix, polies à coups de marteau par le ciseau de l'ouvrier. Ces pierres vivantes, ce sont les chrétiens, tous appelés à cet honneur, qui est leur fin. C'est donc aussi leur devoir et le nôtre. Que la vue de l'église de Jassans, comme celle de toute autre église, nous rappelle sans cesse la nécessité d'être des saints ! Que notre place, à l'avance marquée dans cette construction merveilleuse, ne nous soit point enlevée !!

Pour que cette pensée nous paraisse plus vraie et s'imprime plus profonde dans notre souvenir, citons, afin de nous reposer sur les paroles mêmes du Saint-Esprit, sous cette forme si poétique du langage oriental, citons le chapitre de l'*Apocalypse* de saint Jean, décrivant la Jérusalem céleste, cette demeure de Dieu avec les hommes.

« Chap. XXI. ӯ *1. Et je vis un ciel nouveau et une* « *terre nouvelle ; car le premier ciel et la première terre* « *sont passés, et la mer n'est déjà plus.*

« *2. Et moi, Jean, je vis la sainte Cité, la nouvelle* « *Jérusalem, descendant du Ciel, d'auprès de Dieu, parée* « *comme une épouse et ornée pour son époux.*

« *3. Et j'entendis une voix forte sortir du trône,* « *disant : Voici le Tabernacle de Dieu avec les hommes,*

« *et il demeurera avec eux. Et eux seront son peuple, et*
« *lui-même, Dieu, au milieu d'eux sera leur Dieu.*

« *4. Et Dieu essuiera toute larme de leurs yeux, et il*
« *n'y aura plus ni mort, ni deuil, ni cris, ni douleur,*
« *parce que les premières choses sont passées.*

« *5. Alors celui qui était assis sur le Trône dit :*
« *Voilà que je fais toutes choses nouvelles. Et il me dit :*
« *Ecris, car ces paroles sont très dignes de foi et véri-*
« *tables.*

« *6. Il me dit encore : C'est fait, je suis l'Alpha et*
« *l'Omega, le Commencement et la Fin : à celui qui a*
« *soif, je donnerai de la source d'eau vive.*

« *7. Celui qui vaincra possédera ces choses ; et je*
« *serai son Dieu, et lui sera mon fils.*

« *8. Mais pour les timides, les incrédules, les abomi-*
« *nables, les homicides, les fornicateurs, les empoison-*
« *neurs, les idôlatres et tous les menteurs, leur part sera*
« *dans l'étang brûlant du feu et du soufre ; ce qui est*
« *la seconde mort.*

« *9. Alors vint un des sept anges, qui avaient les sept*
« *coupes des dernières plaies, et il me parla, disant :*
« *Viens et je te montrerai l'épouse, la femme de l'Agneau.*

« *10. Et il me transporta en esprit sur une montagne*
« *grande et haute, et il me montra la Cité sainte,*
« *Jérusalem, qui descendait du Ciel, d'auprès de Dieu.*

« *11. Ayant la clarté de Dieu ; sa lumière était sem-*
« *blable à une pierre précieuse, telle qu'une pierre de*
« *jaspe, semblable au cristal.*

« *12. Elle avait une grande et haute muraille, ayant*
« *elle-même douze portes, et aux portes douze anges, et*

« *des noms écrits, qui sont les noms des douze tribus des*
« *enfants d'Israël.*

« *13. A l'Orient étaient trois portes, au Septentrion*
« *trois portes, au Midi trois portes, et à l'Occident trois*
« *portes.*

« *14. La muraille de la ville avait douze fondements,*
« *et sur ces fondements étaient les douze noms des apô-*
« *tres de l'Agneau.*

« *15. Celui qui me parlait avait une verge d'or, pour*
« *mesurer la ville, ses portes et la muraille.*

« *16. La ville est bâtie en carré ; sa longueur est aussi*
« *grande que sa largeur elle-même. Il mesura donc la*
« *ville avec sa verge d'or, dans l'étendue de douze mille*
« *stades ; or sa longueur, sa hauteur et sa largeur sont*
« *égales.*

« *17. Il en mesura aussi la muraille, qui était de cent*
« *quarante-quatre coudées de mesure d'homme, qui est*
« *aussi celle de l'Ange.*

« *18. La muraille était bâtie de pierre de jaspe ; mais*
« *la ville elle-même était d'un or pur, semblable à du*
« *verre très clair.*

« *19. Et les fondements de la muraille étaient ornés*
« *de toutes sortes de pierres précieuses. Le premier fon-*
« *dement était de jaspe, le second de saphir, le troisième*
« *de calcédoine, le quatrième d'émeraude.*

« *20. Le cinquième de sardonyx, le sixième de sar-*
« *doine, le septième de chrysolithe, le huitième de béryl,*
« *le neuvième de topaze, le dixième de chrysoprase, le*
« *onzième d'hyacinthe, le douzième d'améthyste.*

« *21. Les douze portes étaient douze perles ; ainsi*

« *chaque porte était d'une seule perle, et la place de la*
« *ville était d'un or pur comme un verre transparent.*

« *22. Je ne vis point de temple dans la ville, parce*
« *que le Seigneur Dieu Tout-Puissant et l'Agneau en*
« *sont le Temple.*

« *23. Et la ville n'a pas besoin du soleil ni de la lune*
« *pour l'éclairer, parce que la gloire de Dieu l'éclaire,*
« *et que sa lampe est l'Agneau.*

« *24. Les nations marcheront à sa lumière, et les rois*
« *de la terre y apporteront leur gloire et leur honneur.*

« *25. Ses portes ne se fermeront point pendant le jour;*
« *car là il n'y aura pas de nuit.*

« *26. Et l'on y apportera la gloire et l'honneur des*
« *nations.*

« *27. Et il n'y entrera rien de souillé, ni aucun de ceux*
« *qui commettent l'abomination et le mensonge, mais*
« *ceux-là seulement qui sont écrits dans le livre de*
« *vie de l'Agneau.* »

« Chap. XXII. ỹ *1. Il me montra aussi un fleuve*
« *d'eau vive, brillant comme du cristal, sortant du trône*
« *de Dieu et de l'Agneau.*

« *2. Au milieu de la place de la ville, sur les deux*
« *rivages du fleuve, était l'arbre de vie portant douze*
« *fruits; et chaque mois donne son fruit; et les feuilles*
« *de l'arbre sont pour la guérison des nations.*

« *3. Il n'y aura plus là aucune malédiction; mais le*
« *trône de Dieu et de l'Agneau y sera, et ses serviteurs*
« *le serviront.*

« *4. Ils verront sa face, et son nom sera sur leur front.*

« *5. Il n'y aura plus là de nuit, et ils n'auront pas*
« *besoin de lampe, ni de la lumière du soleil, parce que*
« *le Seigneur les éclairera, et ils règneront dans les*
« *siècles des siècles* ».

Tout, dans cet admirable texte de saint Jean, cité,
murs, fondements, portes, tout est symbolique.

La cité, c'est l'Eglise triomphante, l'Eglise des
âmes : c'est la réunion de tous les élus dans le sein de
Dieu. Un ange mesure ses dimensions : elle a 12.000
stades de large ; sa hauteur, sa largeur, sa longueur
sont égales. Son mur s'élève à 144 coudées ; 12 multi-
plié par 12, c'est le nombre parfait, qui nous indique
que dans cette cité sainte tout est parfait.

Cette cité repose sur un inébranlable fondement :
« *Petra erat Christus* ». Le Christ était la pierre, le
rocher d'Horeb, qui désaltérait son peuple dans le
désert, nous dit l'apôtre saint Paul. Notre-Seigneur
s'appelle lui-même la pierre angulaire, la pierre sur
laquelle viendront se briser ses adversaires ; il est le
premier fondement de l'éternelle ville.

Saint Pierre en est un second : « *Tu es Pierre, et*
sur cette pierre je bâtirai mon Eglise ». Les apôtres
sont aussi des fondements, pour porter et affermir
notre faiblesse. Ils sont les douze portes de la bienheureuse cité, parce que c'est par eux que nous pénétrons dans le royaume de Dieu. Ils nous instruisent,
ils ont composé pour cela les douze articles du symbole,
qui sont comme autant de pierres précieuses. Lorsque
nous entrons avec eux, nous entrons avec Notre-

Seigneur, car Jésus est la porte du Ciel, par sa doctrine, ses exemples, sa grâce. Il est avec chacun de ses apôtres, aucun n'entre sans lui.

L'énumération des pierres précieuses, ornant les fondements de la muraille, nous rappelle les vertus des apôtres.

Saint Mathieu (chap. IV) raconte la vocation des premiers apôtres. Au chapitre X, il en dresse une liste complète : Simon, appelé Pierre, — André, son frère, — Jacques, fils de Zébédée, — Jean, son frère, — Philippe et Barthélemy, — Thomas et Mathieu le publicain, — Jacques, fils d'Alphée, — Thaddée, — Simon le Chananéen. — Saint Jean observe le même ordre et, comme il fait remarquer que la céleste Cité a trois portes et trois fondements à l'orient, et tout autant au septentrion, au midi, à l'occident, nous pouvons croire que les pierres précieuses qui symbolisent les vertus des apôtres sont indiquées dans un ordre régulier et parfait. De sorte qu'apparaît

A l'Orient :

Saint Pierre, dont le jaspe verdoyant redit la foi intrépide. Le saphir, couleur du ciel, raconte la vie et les mœurs célestes de saint André, comme l'escarboucle ou calcédoine, représente le zèle ardent de saint Jacques le Majeur ;

Au Septentrion :

Saint Jean, « *Virens et Virgo* », vierge et longtemps plein de vie, est caractérisé par la verte émeraude. La candeur de l'âme de saint Philippe éclate dans le sardonyx, et la sardoine rouge est teinte du sang de saint Barthélemy, écorché vif ;

Au Midi :

Saint Mathieu qui, par humilité, se nomme après saint Thomas, reprend sa place dans saint Jean ; la chrysolithe, couleur bleu-marine, symbole de pénitence, est sa caractéristique. Saint Thomas, incrédule quelque temps pour mieux nous affermir nous-mêmes, est confirmé dans sa foi par le contact du Sauveur, ce qu'indique le béryl poli, travaillé. La sainteté aux rayons d'or met une topaze au front de saint Jacques le Mineur ;

A l'Occident :

Judas, — surnommé Thadée, pour qu'on ne put le confondre avec le traître, est singulièrement désigné par le Chrysoprase, car le mot πρασος signifie, en grec, porrum ou férule : saint Jude se fit, en effet, un devoir de poursuivre et de fustiger les hérétiques. L'hyacinthe convient sans aucun doute aux mœurs très douces de Simon le Chananéen. Enfin, saint Mathias, que le sort désigna pour remplacer Judas, étant le dernier associé au collège apostolique avant sa dispersion, est touchant dans son humilité, qu'exprime si bien la teinte de deuil, la couleur violette de l'améthiste.

Qui nous donnera de faire revivre en chacun de nous les admirables vertus des apôtres ? Dieu seul le peut, quand il purifie nos âmes dans le fleuve de sa grâce et de ses sacrements, fleuve qui vivifie et qui transformera ses ondes en celles du fleuve d'eau vive, qui dans le Paradis apaisera toute soif, remplira d'une sève abondante ces arbres plantés sur ses bords, donnant chaque mois les fruits les plus suaves, comme aussi les plus précieux.

C'est le Père, le Fils et le Saint Esprit, ineffable et sainte Trinité, qui seront pour les Elus la source surabondante de volupté, de gloire et de bonheur.

Que la comparaison de Saint-Bernard est encourageante : « *La peine*, dit-il, *nous est versée goutte à goutte, nous la buvons passée au filtre, elle s'évanouit comme une eau qui tombe en poussière. La récompense est un torrent de volupté, elle a l'impétuosité d'un fleuve, d'un torrent qui inonde ! Fleuve de gloire et fleuve de paix !* »

Amour à notre Dieu, qui nous appelle à une telle destinée !!

2me dimanche de Carême 1904.

MORT,
curé de Jassans.

Au moment où s'achève l'impression de ce modeste ouvrage, le Seigneur vient de rappeler au sein de sa miséricorde, l'âme de M. Claude Trève, trésorier du Conseil de fabrique. Tout jeune, il avait vu se dresser, pierre à pierre, notre chère Eglise, et avait reporté sur elle, toute la respectueuse affection que son cœur avait éprouvée pour M. Benoît Poncet. Longtemps son voisin et son ami, M. Trève grandissant près de cet homme de bien, était, lui aussi, devenu un de ces chrétiens dont la sincérité impose à tous le respect et l'estime. C'est à lui que nous devons de nombreux et intéressants détails sur notre église, complétant heureusement la sécheresse des documents officiels. Il est juste que nous rendions à sa mémoire l'hommage de notre reconnaissance, et à sa famille éplorée l'assurance que nous n'oublierons pas le cher défunt dans nos prières.

TRÉVOUX, IMP. J. JEANNIN

www.ingramcontent.com/pod-product-compliance
Ingram Content Group UK Ltd.
Pitfield, Milton Keynes, MK11 3LW, UK
UKHW020648120726
13658UKWH00006B/738

9 782019 938192